《东南亚研究》第一辑

《东南亚社会文化与投资环境》系列丛书

广东国际战略研究院 组编

# 马来西亚社会文化与投资环境

MALAIXIYA SHEHUI WENHUA YU TOUZI HUANJING

主编 常永胜

国家出版基金项目
NATIONAL PUBLICATION FOUNDATION
“十二五”国家重点图书出版规划项目



中国出版集团
世界图书出版公司

图书在版编目（CIP）数据

马来西亚社会文化与投资环境 / 常永胜主编．—广州：世界图书出版广东有限公司，2012.10
ISBN 978-7-5100-5301-6

Ⅰ．①马…　Ⅱ．①常…　Ⅲ．①马来西亚—概况 ②投资环境—概况—马来西亚　Ⅳ．①K933.8 ②F133.8

中国版本图书馆CIP数据核字（2012）第227825号

# 马来西亚社会文化与投资环境

项目策划：陈　岩
项目负责：卢家彬　刘正武
责任编辑：程　静　张东文
出版发行：世界图书出版广东有限公司
（广州市海珠区新港西路大江冲25号　邮编：510300）
电　　话：020-84451969　84459539
网　　址：http://www.gdst.com.cn
经　　销：各地新华书店
印　　刷：虎彩印艺股份有限公司
版　　次：2012年11月第1版　2018年9月第4次印刷
开　　本：880mm × 1230mm　1/32
印　　张：8.25
书　　号：ISBN 978-7-5100-5301-6/K · 0152
定　　价：32.00 元

# 总 序

东盟是中国的近邻，与中国政治、外交关系密切，经贸往来十分频繁，中国与东盟的经贸合作意义重大。2010年中国-东盟自由贸易区启动，彼此的重要性以及经济上的互相影响更为凸显。广东地处南粤，与东盟各国或一衣带水，或山水相连，历史上商贸往来密切——下南洋曾经是广东人特有的“地理大发现”。随着广东经济增长模式转型和对外贸易方式转变，借自由贸易之利，全面强化、提升与东盟的经贸关系对广东未来经济发展至关重要。正是由于上述原因，东盟始终是广东国际战略研究院关注的重点。

近年广东国际战略研究院陆续推出了一系列有影响力的研究成果，或为政府战略决策提供依据，或为商界开拓市场提供参考。这套《东南亚社会文化与投资环境》系列丛书是研究院近期推出的又一力作。其主旨在于为政府及相关人员提供一套关于东盟政治、经济、文化的参考文献，供他们放在案头随时备查；特别是为有意投资东盟十国的商家、企业提供可靠的信息，作为走入东盟的路径指南；也为其他对东盟感兴趣的人士提供权威且全面的经典之作。

这套丛书分为十本，每本按国别独立成册。丛书各分册在体例编排上基本相同，主要内容虽各有侧重，但均以一国之经济为核心，涵盖以下几个方面：一、经济状况。描述该国经济发展、变革的历史过程，解读其经济体制的现状及未来趋势，汇总经济发展水平的各项指标，并对其经济发展进行简单评价。二、产业特点。介绍其资源禀赋的优劣势，归纳分析产业布局重点和特点，简要分析产业发展趋势以及与中国产业结构的异同。三、财政金融。介绍其财政、金融组织架构，分析财政、金融政策的特点，介绍融资市场规模及其影响力等，发掘与中国相关金融政策对接的可能性。四、商业机会。根据其资源特点和政策导向以及产业结构的现状，结合中国企业的对外投资优势，介绍潜在的投资领域和行业。除了上述内容之外，书中也概括地介绍该国的政治、文化、教育、风物以及外交情况，其中与中国的往来关系更是必备内容。书中附录收集该国的法律法规、政策指南以及政府、商业和企业信息，以备读者查阅。

我们力求使本丛书具备以下几个特点。一、求真。这是一套通识类读物，意在让读者一册在手，所需真实信息尽收眼底。二、求新。我们力求使用最新的资料，并向读者提供获得最新信息，或更新资料的渠道。三、求精。我们在编纂过程中通过精心安排结构，精心取舍材料和提炼观点，最大限度地让读者在获得通识的基础上取精用宏，满足他们更高层次的阅读要求。四、求实。我们在简洁的分析和解读的基础上，努力追求“工具化”的目标，通过覆盖面最广的资料和数据，使其具有工具书一样的功能。当然摆在读者面前的这套丛书距此理想仍有差距，希望读者多多批评指正。

这套丛书从筹划到正式出版历时近两年，该丛书的出版是许多人共同努力的结果。感谢中国出版集团、世界图书出版公司在本书出版过程中的支持和帮助；感谢北京大学、北京外国语大学、广东外语外贸大学各个语种的专家教授以及参与编撰的所有作者，正是他们的辛苦付出和鼎力支持成就了这套丛书。最后特别要感谢广东外语外贸大学非通用语种教学与研究中心主任林秀梅教授，她为丛书的出版做出了大量重要和无私的贡献。

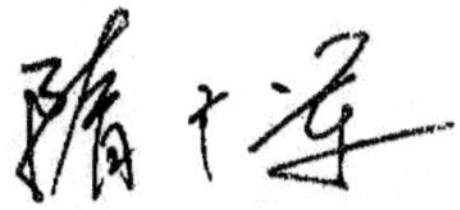

2012年10月1日

# 前 言

马来西亚是个美丽的热带国家，居东南亚的核心地带，地理位置得天独厚；国内自然资源富饶，并盛产各色热带经济作物。马来西亚的旅游资源十分丰富，阳光充足，气候宜人，拥有很多高质量的海滩、奇特的海岛、原始热带丛林、珍贵的动植物、千姿百态的洞穴、古老的民俗民风、悠久的历史文化遗迹以及现代化的都市。如今马来西亚政治稳定、社会和谐，并且以极其优惠的相关政策鼓励外国投资、吸引外国游客。

本书通俗地介绍了马来西亚的地理、政治和风土人情；重点分析了马来西亚的经济、投资环境与投资机会，以期为到马来西亚经商投资的商界人士提供尽可能多的帮助。

全书包括6章和3个附录，由广东外语外贸大学管理学院常永胜教授主编，财经学院涂湘蕻副教授与法学院的宋晓媛参加编写工作。常永胜统稿并负文责。

因编写时间仓促，且编者水平有限，本书疏漏和欠当之处在所难免，欢迎广大读者提出宝贵意见和建议。

编 者

2012年9月

# 目录 Contents

# 目录

Contents

# 目 Contents 录

# 第一章
# 国家概述

## 本章导读

☆马来西亚联邦（Malaysia）是一个经济迅速崛起的东南亚国家。它由两块隔海相望的领土构成，即马来半岛南部的马来亚（俗称“西马”）和加里曼丹岛北部的沙捞越、沙巴（俗称“东马”），国土总面积近33万平方千米。气候属于热带海洋气候，特点是均衡高温、多雨、相对湿度大。马来西亚是一个由13个州和3个联邦直辖区组成的实行君主立宪联邦制的国家，其中11个州和一个直辖区位于“西马”。马来西亚人口2,756万（马统计局2010年）。其中马来人占68.7%，华人占23.2%，印度人占6.9%，其他种族占1.2%。其中占全国82%的人口居住在“西马”。马来西亚是世界上最大的天然橡胶、棕榈油及锡的出产国，也是优质热带硬木、石油及天然气的重要出产国。

# 第一节　国旗、国徽和国花

## 一、马来西亚国旗

马来西亚国旗

马来西亚国旗呈横长方形，长与宽之比为2∶1。主体部分由14道红白相间、宽度相等的横条组成。左上方有一深蓝色的长方形，上有一弯黄色新月和一颗14个尖角的黄色星。14道红白横条和14角星象征马来西亚的13个州和政府。蓝色象征人民的团结，黄色象征国家元首，红色象征勇敢，白色象征纯净，新月象征马来西亚的国教伊斯兰教。

## 二、马来西亚国徽

马来西亚国徽中间为盾形徽。盾徽上面绘有一弯黄色新月和一颗14个尖角的黄色星，盾面上的图案和颜色象征马来西亚的组成及其行政区划。盾面上部列有5把入鞘的短剑，它们分别代表柔佛州、吉打州、玻璃市州、吉兰丹州和登嘉楼州。盾面中间部分绘有红、黑、白、黄 4 条色带，分别代表雪兰莪州、彭亨州、霹雳州和森美兰州。盾面左侧绘有蓝、白波纹的海水和以黄色为地并绘有 3 根蓝色鸵鸟羽毛，这一图案代表槟榔屿。

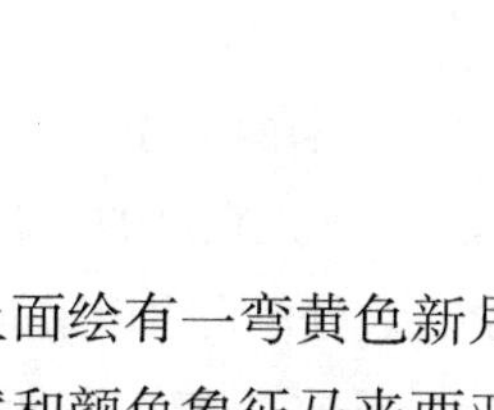


马来西亚国徽

盾面右侧的马六甲树代表马六甲州。盾面下端左边代表沙巴州，图案中绘有强健的褐色双臂，双手紧握沙巴州州旗。盾面下端右边绘有一只红、黑、蓝三色飞禽，代表沙捞越州。盾面下部中间的图案为马来西亚的国花——朱槿，又称大红花，当地人称“Bunga Raya”。盾徽两侧各站着一头红舌马来虎，两虎后肢踩着金色饰带，饰带上书写着格言“团结就是力量”。在盾徽上还绘有一弯新月和一颗14角星，新月代表国教，14角星代表各州。

### 三、国花

朱槿（Bunga Raya），又称大红花、扶桑。

马来西亚国花

## 第二节　地理、气候与资源

马来西亚位于亚洲大陆和东南亚群岛的衔接部分（约为北纬2°~7°，东经97°~120°），在亚澳两大陆与太平洋和印度洋的交汇之处，自古以来就是东西方海空交通和国际货贸路线的要冲。

马来西亚有东西两片隔南海相望的疆土，就像两叶扁舟漂浮在印度洋和太平洋之间的海面上。陆地面积为329,758平方千米，一叶称之为西马（又称马来亚），位于马来半岛南部，北与泰国接壤，南与新加坡隔柔佛海峡相望，东临南中国海，西濒马六甲海峡，面积13万多平方千米；一叶称之为东马（由沙捞越、沙巴组成），位于加里曼丹岛北部，与印尼、菲律宾、文莱相邻，面积19万多平方千米。

马来西亚的海岸线总长约4,192千米，其中马来亚地区2,000千米，沙捞越州742千米，沙巴州1,450千米。

西马和东马是两个不同且独特的地理区域。西马地势南低北高，东西两侧沿岸为冲积平原，中部为山地，大汉山海拔

2,190米，为西马最高峰。东马沙巴州西部为沿海平原，内地多森林覆盖的山地，克罗克山脉纵贯南北，其主峰基纳巴卢山海拔4,101米，为全国最高峰，亦是东南亚最高峰。沙捞越州沿海为冲积平原，内地为森林覆盖的丘陵和山地，山峰多在海拔2,000米左右。

东西马之间隔着南海的广阔水域，两地东西间距最长（北面）1,500千米以上，最短（南面）750千米。东西马虽相隔较远，但在地理上有许多近似之处。如东西马都处于北纬1°~7°之间的赤道地带，海岸线都在2,000千米以上，内陆离海最远不到250千米，全境深受周围海洋的影响，高温多雨，水、热条件优越，生物繁殖旺盛，种类特别多，资源丰富，地面大部分是茫茫林海，1平方千米面积的森林中的植物种数，可以同欧洲10万平方千米的植物种数相等。全境共有15,000种植物，其中有6,000种树木，有的树木高达100米，直径2米多。森林最多的地区是沙捞越州，森林覆盖面积占90%以上。显花植物达9,000种，占全世界总数的30%以上。

作为低纬度的海洋国家，马来西亚属热带海洋气候，没有四季的变化，只有旱季与雨季之分，其特点是均衡高温、多雨、相对湿度大。每月平均温度，低地在26℃~27℃左右，各地相差1℃~3℃；山地每月平均不低于18℃，仅最高的峰岭地带平均在15℃以下。3月至5月最热，天气有时可达35℃~36℃，凉爽的雨季则为23℃~24℃。马来西亚人不需要天气预报，一年365天温差只有几度。这种得天独厚的气候，使人不必购买春季和冬季服装，在这方面节省了一大笔开支。

马来西亚的气温由于受海洋调节，不太炎热。白天平均最高温度在沿海低地为31℃~32℃，很少超过34℃。被称为最热地方的霹雳州的红毛丹，中午温度一般在35℃左右。曾在1958

年3月初出现了马来西亚绝对最高温度纪录的怡保，亦不过是40.5℃。夜间温度在20℃~22℃之间，沙巴地区有海湾深入内地，夜间较为凉爽。

由于赤道带风较微弱，马来西亚的地面风速不大，一般在3级以下，不超过5级。只有东北季风或地方性雷暴的一部分风力较强，但发生频率不太大，有季风、海陆风和苏门答腊风。每年10—11月到次年2—3月，从亚洲大陆东部吹来的寒冷的东北季风，扫过广阔的南海水面，带来大雨；5—6月和8—9月，从印度洋及爪哇海吹来暖湿的西南季风，由于途中受到印度尼西亚境内山脉阻拦，风力较弱，降雨较少。4—5月和10—11月是季风停滞或转换期，海陆风开始活跃起来，近海地带，白天风从海上吹向陆地，夜晚风从陆地吹向海洋。风力轻微，可以减轻大气的沉闷，帮助植物传粉，有利于帆船的航行，故马来西亚渔民称之为“归家风”和“出港风”。在西南季风期间，马六甲海峡特别是南段东岸一带，常在夜间或黎明之前发生猝发性风暴。因为这种风暴来自苏门答腊的方向，故得名为苏门答腊风。这种风暴来去匆匆，持续最长的时间不过2小时，最短的不到5分钟。暴风或有雷电和骤风，风力可达10级，不过时间较短，影响地区范围较小。马来西亚不受台风影响。南海台风路径恰好止于沙巴以北，海员们到沙巴来躲避台风，称该地为“风下之地”，音译就是沙巴。

马来西亚全境雨量充足，平均年降雨量为2,000~2,500毫米，西马最高可达3,000毫米，东马最高可达4,000毫米。西马吉保山脉以东，东马山地北坡，雨水最多。东北季风期间，有时一天的雨量能超过50毫米，每年的11月到次年1月份是降雨的高峰，月降雨量可达500~650毫米。这个时期可占全年雨量的40%~60%，故称雨季。在西南季风期，雨量最少的7月份仍不低于100毫米，所以只是相对地称为干季。在两个季风转换期，由于太阳当顶，地方对流加强，多猛烈的雷阵雨，月雨量可达200~400毫米，形成两个“小雨季”。总的来讲，马来西亚的雨水充沛，雨势很猛。但由于世界气候的变化，近年来也常出现连续半个月和一个多月的旱天。

马来西亚自然资源丰富。橡胶、棕油、胡椒的产量和出口量居世界前列。曾是世界产锡大国，但近年来产量逐年减少，截至2005年1月1日，马来西亚石油和天然气总储量为194.9亿桶，可供分别开采19年和33年。此外还有铁、金、钨、煤、铝土、锰等矿产。马来西亚还盛产热带硬木。能源以锡、石油和天然气开采为主，2005年矿业总产值估计为176.32亿林吉特，增长0.8%。近几年矿产品产量如下：

**表1-1 2004—2006年马来西亚矿产品产量**

| 年份 | 2004 | 2005 | 2006 |
|---|---|---|---|
| 石油（万桶／日） | 76.23 | 70.4 | 70 |
| 液化天然气（万吨） | 2,072.9 | 2,194.8 | 2,300 |
| 锡（万吨） |  | 0.27 | 0.29 |

资料来源：马来西亚统计局。

马来西亚山地多，70%是未开发的山林地，被浓密的森林所覆盖，且多保留原始风貌，而在已开发的土地中，60%的土地是橡树园。天然橡胶的产量约占世界总产量的1/3，被誉为“橡胶王国”；棕油产量占世界总产量的59%，又被称为“棕油王国”。此外，还盛产可可、胡椒、椰子等热带经济作物。

由于雨水充足，植物生长迅速，棕榈、巨大的草蕈、大似遮阳伞的羊齿植物终年给大地披上一层鲜艳的绿色外衣。木瓜树种下后，7个星期就能结果，草坪上的草一夜之间可以长高5

厘米。在丛林中，你可以看到35~45米高的大树。兰花种类繁多，除了人工栽培的以外，生长在深林幽谷与高原上的野兰则更为珍贵。扶桑花为马来西亚国花。

原始森林中，栖息着濒于绝迹的异兽珍禽，如善飞的狐猴、长肢棕毛的巨猿、白犀牛和猩猩，还有象、野牛、独角犀牛、豹、鹿等，至于老虎，则是马来西亚最有代表性的动物。此外，鸟类、蛇类、鳄鱼、昆虫等野生动物数量很多，例如蝴蝶，在马来西亚就有2,000种以上，色彩艳丽，其中不少是珍品。

兰花、巨猿、蝴蝶被誉为马来西亚三大珍宝。

马来西亚耕地面积约414万公顷，占可耕地面积的30.6%。农业以经济作物为主，主要有油棕、橡胶、胡椒、可可和热带水果等。稻米自给率为60%。2002年农、牧、渔、林业总产值估计为184.78亿林吉特，增长1.1%，占国内生产总值的8.42%。

渔业以近海捕捞为主，近年来深海捕捞和养殖业有所发展。主要品种有鲭鱼、白鱼、小鲤鱼、宝刀鱼、鲷鱼等，马来西亚西海岸还产龙虾。2001年水产产量估计为122.58万吨，2002年同比减产1.7%。

马来西亚的旅游资源十分丰富，阳光充足，气候宜人，拥有很多高质量的海滩、奇特的海岛、原始热带丛林、珍贵的动植物、千姿百态的洞穴、古老的民俗民风、悠久的历史文化遗迹以及现代化的都市。旅游是国家第三大经济支柱、第二大外汇收入来源。1990年和1994年举办两届马来西亚观光年。2002年外国旅游者1,300万人次，旅游业收入262亿林吉特。主要旅游点有：吉隆坡、云顶、槟城、马六甲、浮罗交怡岛、刁曼岛、热浪岛、邦咯岛等。2006年赴马外国游客人数达1,754万人次，同比增长6.8%，旅游外汇收入360.2亿林吉特。中国是马来西亚重要的客源之一。2002年，中国公民赴马旅游人数557,647人次。

# 第三节 民族、人口与宗教

马来西亚人口2,756万（马统计局2010年）。其中马来人占68.7%，华人占 23.2%，印度人占6.9%，其他种族占1.2%。约3/4的人口集中在土地肥沃、资源丰富的西海岸地区，东海岸地区土地贫瘠，人口相对稀少。全国人口最多的霹雳州，约222万，面积最小的玻璃州人口最少，只有18万人。人口密度最高的是槟榔屿州，平均每平方千米约1,000人，人口密度最低的是沙捞越和沙巴州，每平方千米约12人左右。人均寿命男69.7岁，女74.1岁。

马来西亚是一个多民族的国家，约有30多个民族。全国除马来族、华人、印度人和巴基斯坦人外，在西马的少数民族有尼格列多族（又称矮黑人，分为克乌人、金塔克人、查海人、巴特克人）、塞诺伊族（分为特米亚尔人、塞芒人）和原古马来族（分为贝兰塔斯人、特穆安人和贾昆人），统称原住民；在东马，有

海达雅克族（又称伊班族）、陆达雅克族（又叫比达育族）、米兰诺族、卡达山族、穆鲁特族、巴查乌族、印度尼西亚族等。此外，还有少量欧亚混血人分布在马六甲、沙捞越等地区。

“马来西亚人”是指所有的马来西亚这个国家的公民，“马来人”则是专指马来族人。原始马来人是于公元前2500年左右，从亚洲中部转移入马来半岛的蒙古人的后裔，分布在柔佛和彭亨一带。他们过着定居的生活，其中一部分已与现代马来人同化，信仰伊斯兰教。公务员、教员、警察等公职人员多为受到优先待遇的马来人担任。

华人移入马来西亚较晚。大约在唐朝初期有少数僧侣和商人侨居马来半岛。在马六甲王国立国的百余年里，中国的明

王朝与马六甲王国的关系十分密切。这时不少华人在马六甲定居，并与当地人通婚。他们在马来西亚的土地上居栖生息，安家立业。但是，大批华人移居马来西亚，还是近百年的事情。鸦片战争后，由于清王朝的昏庸无能，官吏舞弊腐败，弄得中国社稷破落，民不聊生。在这种情况下，中国南方的穷苦百姓迫于生计，成批成批地背井离乡，漂流南洋。其中许多人就来到了马来半岛。此外，还有许多忠厚老实的贫苦农民被殖民主义者和人贩子拐骗到马来半岛。他们被当作“猪仔”卖给买主，装上大船运到矿场和橡胶园，为老板们做无偿的苦工。到20世纪初，移居马来西亚的华人已达百万之多。华人以吉隆坡为最多，从祖辈算起，他们在这里已居住几代了。一百多年来，他们和各马来西亚民族人民一起为开发、建设吉隆坡做出了重要贡献。华人在马来西亚的商业、工矿业等方面均占有极大的优势，因此在马来半岛西海岸的主要城市中，60%~70%都是华侨。

大约在公元1—2世纪，马来半岛出现了狼牙修、赤土、丹丹等邦国。这些邦国深受印度文化的影响，特别是4世纪，印度皇帝出兵征服恒河谷地和南印度，所以大量的印度人向东流亡，其中相当大的一部分人就流亡到马来半岛。但是，印度人大批移居马来西亚是在10世纪之后，他们集中在马六甲、吉隆坡和槟榔屿地区。

原始土著民族生活在热带丛林中，他们赤身露体，崇拜石像，用吹矢筒狩猎，仍然过着石器时代的原始生活。目前，尼格列多族约有5,000人，主要分布在吉打州、吉兰丹州和霹雳州的森林里。他们个子矮小，皮肤黝黑，大眼睛，厚嘴唇，左肩稍斜，头发卷曲。他们世世代代居住于马来半岛中部的深山野林中。马来半岛北部的塞诺伊人多在山中搭茅寮聚居，他们搭的茅寮，只是有顶无壁的小棚，棚顶的“亚答”作一面倾斜，棚底下则架起四五寸高的竹排或木排，一到夜里，人就躺在排上睡觉。他们在睡觉时，喜欢头朝外、脚朝里。塞诺伊人认为：“如果遇到野兽向头部噬来，便可以立即死亡；而如果被噬掉两条腿，人虽可以活着，但很痛苦；与其痛苦地生存，不如痛快地死去！”塞诺伊人是热带丛林中的原始土著民族的活标本。

马来西亚是个以农立国的民族，因此维持着许多原始信仰，特别是各民族浓厚的宗教色彩。其宗教融合了伊斯兰教、印度教、佛教，其中以印度教影响尤为深远。由于多民族的长期共同生活，形成一种多元的文化特色。

马来西亚人口中约有55%属于穆斯林，35%属于佛教徒，5.5%属于基督徒（包括新教），1%属于天主教徒，3.6%属于印度教徒，1.5%属于道教徒，其余属于锡克教徒、巴哈伊教徒、万物有灵教徒等。

马来人大部分信仰伊斯兰教。由于马来人在政治上势力很大，伊斯兰教也成为马来西亚的国教，全国各地的主要清真寺无不雄伟壮丽。除伊斯兰教以外，部分马来人还保留着原始宗教，其代表性的仪式是称作昆德利的共食仪式。这种共食仪式起着维持社会连带关系的重要作用。可以说马来人的社会组织是由伊斯兰教规范和传统习惯二者合一共同维系的。

住在马来西亚的华人的宗教是佛教和道教。住在马来西亚的印度人多为印度南部的泰米尔族，其代表性的宗教是印度教。

# 第四节 行政区域

马来西亚全国分为13个州，3个联邦直辖区（吉隆坡、纳闽岛和普特拉贾亚）。13个州是（按马来文字母顺序排列）：

表1-2 马来西亚13个州

| 州名 | 首府 |
| --- | --- |
| 柔佛州（Johor） | 新山市（Johor Bahru） |
| 吉打州（Kedah） | 亚罗士打市（Alor Setar） |
| 吉兰丹州（Kelantan） | 哥打巴鲁市（Kota Bahru） |
| 马六甲州（Melaka） | 马六甲市（Melaka） |
| 森美兰州（Negeri Sembilan） | 芙蓉市（Seremban） |
| 彭亨州（Pahang） | 关丹市（Kuantan） |
| 槟榔屿州（Penang） | 乔治城（Georgetown） |
| 霹雳州（Perak） | 怡保（Ipoh） |
| 玻璃市州（Perlis） | 加央（Kangar） |
| 沙巴州（Sabah） | 哥打基纳巴卢（Kota Kinabalu） |
| 沙捞越州（Sarawak） | 古晋市（Kuching） |
| 雪兰莪州（Selangor） | 莎阿南（Shah Alam） |
| 丁加奴（登嘉楼）州（Trengganu） | 瓜拉丁加奴（Kuala Trengganu） |

## 一、柔佛州

柔佛，位于马来西亚西部的最南端，也是亚洲大陆最南端的陆地，东面是南中国海，西面是马六甲海峡，南面隔着柔佛海峡与新加坡毗邻。

首府新山。地处马来半岛山脉的末端，由北往南地势降低，地面波状起伏，平原与沼泽广布，河渠特别发达。橡胶、油棕、菠萝、椰子种植面积和产量占全国各州首位。东半部有赤道雨林及铁、铝土、锡、铌、钛、钽矿；沿海富水产，多小港口。林间杂有大片草场与沼泽丛林，栖息着野牛、象、犀牛、貘、虎、鹿等。东北部为全国重点垦殖区之一。工业有菠萝罐头、纺织、油脂、橡胶加工、纱笼工艺等。铁路与公路北上联系半岛各地，南下经新柔长堤直达新加坡。

柔佛州首府新山

## 二、吉打州

吉打州位于马来西亚西北部的马、泰边境，原属暹罗（泰国的旧称）管治，19世纪末拨归英国统治（当时马来西亚是英国殖民地）。

吉打州风光

吉打州也称“米都”，闻其名，就可以知道它是马来西亚主要的稻米出产地。吉打的首府——亚罗士打，是州政府办事处和皇族居住地，也是主要的商业中心。一踏入吉打州，映入眼帘的就是那一望无际的“稻海”，煞是美丽。吉打最吸引人之处是它那朴素的风光及奇特的自然景观，辽阔的田野，苍翠繁茂的热带雨林及烟雾弥漫的山脉。其所构成的宁静、绝美画面，让喜爱大自然的人们，深深地被这一片充满田园气息的景色给吸引住。

虽然吉打早期是一个以农业为主的州属，但目前它正迅速向不同领域发展。从早期纯粹的农业种植演变到现今拥有许多工业区及新商业中心，不但为当地居民提供许多就业机会，也吸引了许多国内外商家的投资。许多高科技及重工业已经开始在吉打州发展，据估计，20年之后吉打将成为一个工业州。随着浮罗交通的发展，旅游业已成为吉打州主要的收入来源之一。

## 三、吉兰丹州

吉兰丹州风光

吉兰丹州为马来西亚文化的故乡，历史悠久的“谷仓”。该州北部地区经济发达，拥有盛产稻米和橡胶的三角洲平原。沿海地区的咸鱼和干鱼闻名全国。南部地区88%的面积为原始森林，盛产木材，并有木材加工产品出口。近年来在该州发现了金和铀矿。

吉兰丹州的首府是哥打巴鲁，为西马东北部交通枢纽，马泰边境交通重镇，州内物产集散中心。有铁路和公路北通泰国，可联系国内城镇，最远可达新加坡。市内商业繁荣，郊区手工业较发达，有蜡染和金银器镶嵌和草编。其生产的绣花织锦，光彩华丽，深受消费者赞誉。离城市10千米处的尼兰普里有一座全国最古老的清真寺，是纯木结构，没有一根铁钉。

## 四、马六甲州

马六甲州为马六甲王国故地。全境低丘浅阜，多橡胶林；海滨椰林遍布，渔村绵延不绝；各地普遍存在着历史久远的混合农业，出产咖啡、硕莪（即西谷，棕榈科植物，茎干中有淀粉）、棕油、胡椒和各种水果。水产和工艺品久负盛名。有少量锡、金和铝土矿，沿岸海底有锡砂。乡村还有著名的“马六甲牛车”，车篷两头如弯月般地翘起，牛颈系着铜铃，叮当悦耳。

马六甲州风光

马六甲是马六甲州的首府，是马来西亚现存最老的古城，始建于15世纪初，曾为马六甲王国都城。它濒临马六甲海峡北岸，曲折的马六甲河穿城而过。城内桥梁很多，具有鲜明的历史特色。中世纪修建的街道狭窄曲折，只有400米的荷兰街是世世代代的华人住宅区，建筑为中国古典式厅、堂、庭院和园林，每年春节，居民按中国传统披红布，挂宫灯，贴春联，春意盎然。居住海滨的葡萄牙移民则讲着葡萄牙本国已很难听到的中世纪葡萄牙语。

马六甲城盛产手杖和藤器等著名工艺品。新区多鱼塘，鲜鱼不仅供本城居民食用，而且还销往首都吉隆坡和槟城等马来西亚大城市以及新加坡。煮熟晒干的咸鱼、虾酱、虾仁、虾干等则运销海外，是驰名遐迩的马来西亚风味特产。

## 五、森美兰州

森美兰州经济较发达。北部有吉保和武弄山脉的低丘，有锡矿；南部沿海平原与内陆山间盆地的橡胶林延绵不绝；河谷多稻田，海滨为椰子林。该州工农业都有

森美兰州风光

较好的发展前景。

在该州的神安池，有一座旧皇宫为米南加保式建筑，四层，据说是世界上最大的木结构建筑，木柱高达20米，不用一根铁钉，为马来民族的建筑杰作，但也有点缀着华族风格的雕刻。

该州的首府是芙蓉，曾为锡矿中心。郊区盛产橡胶和瓜果。工业有酿造、椰油、锯木、陶瓷和工业用砖。该州的博物馆和房屋多为米南加保式建筑风格：高脚架、大屋顶作牛角式向上翘。

## 六、彭亨州

彭亨州风光

彭亨州是马来西亚半岛最大的州。州内有一片广阔的热带雨林及山明水秀的自然景色，如海滩和国家公园。彭亨州的首府关丹，面向南中国海，有着“东方之窗”的美称，而距离关丹约45千米的北根则是“皇城”。这里有一条马来西亚半岛最长的河——彭亨河以及马来西亚半岛最高的山——大汉山。

农业是彭亨州的主要经济来源。州内的土地肥沃，雨量充足，非常适合栽种橡胶、油棕、可可和各种热带水果。而金马仑高原则是一个蔬菜、水果及鲜花供应的主要地区。彭亨州有一条很长的海岸线，这条海岸线加速了该州捕鱼业和旅游业的发展，继而成为主要经济来源之一。此外，州政府也大力提倡小规模制造业和家庭手工业，使彭亨州的经济更加多元化。

关丹（Kuantan）是彭亨州的首府，也是西马东海岸最大的工商业城市。人口大约340,000，城市面积达2,453平方千米。关丹位于州的东北部，关丹河口北岸，面向南中国海。东北有丘陵屏障，河口较深，轮船可以靠岸。口外有红树林沼泽。关丹是锡砂、橡胶、椰干和海鱼集散地。所产干鱼闻名全国。城市由19世纪末开采锡矿而兴起，原名德龙冬。旧工业有椰油、轮胎、木材、食品加工与贝壳工艺。20世纪70年代建立森玛姆及北拉姆工业区，发展电子、机械、化纤加工等工业。纵贯南北的东海岸公路与横跨东西海岸的联邦公路在此交会。1979年新建有丹戎格兰深水港。海滨有峻拔的钓鱼山，山中石洞供佛像。还有班珍石山（仙船山）、蛇岛、直拉汀村等，皆为旅游胜地。郊外45千米处有“地中海旅游村”。有海军基地及丹戎弄坡（音译）现代化渔港。

## 七、槟榔屿州

槟榔屿州是凭借现代经济在国内占重要地位的州。它以轻重工业和港口贸易为主。该州包括槟榔屿全岛和大陆上的威斯利区，面积有1,031平方千米。槟榔屿为花岗岩山体，威斯利区有宽广的平原。盛产稻米、椰子、丁香、槟榔、豆蔻和海鱼。槟榔屿有上百年的海运和贸易历史，目前以电子工业为主。1985年耗资3亿美元建成的槟城大桥，长13千米，可容4~6辆汽车并行，成为东南亚第一、世界第三跨海大桥，该州的北赖市是全国“钢铁之都”，建有出口加工区。威斯利区在槟榔屿的经济发展中起着重要的作用。

槟榔屿州风光

槟榔屿的首府是乔治城，位于槟榔屿岛的东北角，是重要的海运交通要冲，有着悠久的历史。它背山靠海，港面广阔、水深。该市有造船机械、建材、橡胶、皮革、木材、印刷等工业及手工艺制作。槟城是全国电子工业中心，电子产品2/3出口到美国、欧洲和日本。

## 八、霹雳州

霹雳州风光

霹雳州位于马来西亚半岛的西部，州内共分为9个县，主要城镇包括怡保、金宝、太平、瓜拉江沙、红土坎、安顺等。怡保是首府，也是商业与行政中心。霹雳取自马来语“Perak”，意为银。据说当年这里被发现有锡矿，但却误以为是银，后来虽辨认是锡，但“霹雳”这个州名却依旧保留至今。

在1983年时，由于锡工业开始滑落，促使该州政府把经济发展方向由开采业渐而转向工业、农业、建筑业等经济部门。另外，州政府也渐渐注重渔业、木业及旅游业等经济领域。目前的怡保，已逐渐发展成为重要的工商、教育及投资中心，是马来西亚经济比较发达的城市。

霹雳州的交通四通八达，从吉隆坡、北海或其他城市均有巴士及的士服务通往怡保或其他市镇。此外，马来西亚铁道公司也提供每天来往怡保及各主要城市的火车服务。

霹雳州经济在发现锡后开始蓬勃增长。在全球经济衰退之前，霹雳州乃马来西亚最富有的州属之一。1990年锡产业倒闭后，霹雳州经济也受到严重影响。锡价的下滑使锡矿公司——

倒闭。这促使了霹雳州政府把州内的经济蓝图转向价值更高的产业。20世纪80年代中叶，许多台湾的电子公司都被吸引到斯里并（Silibin）和九洞（Jelapang）工业区。但到了20世纪90年代，大部分工厂都迁到了人均收入较低的中国。该地盛产主要是橡胶、椰子和油棕。人们对于霹雳州的天然景观和文化特色的发现也使旅游业增长快速。州内完好的基本设施也令霹雳州成为创业的首选之地。

## 九、玻璃市州

玻璃市州是马来西亚最小的州。该州位于西马最北部，北邻泰国。在西、北两侧有石灰岩那坤山脉环绕，多溶洞、陷穴和地下河流，洞中有砂锡矿。北方加基武吉为全国唯一的地下砂锡采矿场。玻璃市河及支流的沿岸地势平坦，土地肥沃，盛产稻米、橡胶和椰子。

玻璃市州的首府是加央，为西北边陲小市镇，人口10,000，有百余家商店。城西南有一座清真寺，以大理石铺面，整座寺院富丽堂皇，有不少游客到此参观。

## 十、沙巴州

沙巴州，是马来西亚的第二大州，位于东马，在婆罗洲的北部，以前被称为北婆罗洲（North Borneo），从1881年到1963年9月被英国人统治。

沙巴享有“风下之地”（Land Below The Wind）或是“风下之乡”之美誉，因为台风经过菲律宾时不会经过这里。纳闽（Labuan）在1984年由当年的哈里士所领导的人民党组成的州政府送给了联邦政府，现在已经是联邦直辖区了，也是马来西亚唯一的岸外金融中心。

该州主要出口物资有石油、石油制品和天然气，锯木和木板，橡胶与珍贵的燕窝食品。

## 十一、沙捞越州

位于婆罗洲西北部，北与文莱接壤，东南接印度尼西亚，濒临南海，有724千米长的海岸线。居民多为伊班人和华人，还有马来人、陆地达雅克人和梅拉瑙人。该州的首府是古晋，是一个美丽的小城。该城建于沙捞越河的河岸，城市因河流而分为两部分。河南大都居住着华人和华裔，也是行政和金融中心；河北岸居住着马来人及土著民族，因此市长也是一分为二。河南是华族当市长，河北是土著民族当市长。市内有农业加工和锯木厂。工艺品有木雕、陶器、编制和贝壳等。州内大部被原始热带雨林覆盖，沿海岸为沼泽和冲积平原，内地多山，最高点巫鲁山海拔2,376米。15世纪为文莱苏丹国南部省。1841年英国冒险家J.布鲁克被封为土王，先后得到美国和英国承认。第二次世界大战时“布鲁克王朝”终止，1946年让与英国。1963年自治并加入马来西亚。经济以农业为主，沿海地区产橡胶、胡椒等经济作物。内地施行轮作制，种植水稻。西兰特克有煤矿，石龙门有金矿，巴罗尼阿、贝蒂和塔马纳有近海油田；并有锯木业和农产品加工业，也生产纺织品、金属容器、花砖和小船等。主要出口石油制品、木材和橡胶。河流是内地交通主要通道，无铁路。古晋和成邦江通公路。沙捞越州的居民主要由依班族人、马来人以及华裔构成。由于城市里有大量华裔居住，因而华语使用得较多，华语圈的游客在这里旅游会很方便。

## 十二、雪兰莪州

雪兰莪州是马来西亚发展最好的一个州属。它位于马来半岛的西海岸，其九个地区加起来总面积是12.5万平方千米。雪兰莪州的大部分土地已经被开发。雪兰莪州的首府莎阿南，同时也是州的皇城。1974 年，雪兰莪州内的吉隆坡市区及其郊区被政府划为吉隆坡联邦直辖区。

雪兰莪州是进入马来西亚的主要入口，因为马来西亚美轮美奂的吉隆坡国际机场（KLIA）就建在雪兰莪州的雪邦区。雪兰莪州还有一个最重要的港口——巴生港口，位于马来半岛西海岸的巴生区内。

雪兰莪州和马来西亚首都吉隆坡最靠近，这使得雪兰莪州在商业经济效益及政府行政上皆获得很大的便利。此外，许多政府部门的办事处皆设在雪兰莪州境内。近几年来，雪兰莪州比较关键及具有战略意义的发展规划包括：吉隆坡国际机场、多媒体超级走廊及科学园区。雪兰莪州也是国内大专学府最多的一个州属，其基础设施及电子通讯设施亦是全马最好的。

撇开经济发展及基础设施不谈，雪兰莪州内丰富的文化及富有情调的生活方式，也是吸引旅客到此观光旅游的一个优势。

雪兰莪州是购物者的天堂。这里拥有许多现代化及富丽堂皇的购物中心，提供多样化的商品给顾客选择。另外，它也有许多传统的小商店及夜市场，提供价廉物美的货品。

## 十三、丁加奴州

丁加奴州曾是西马经济最不发达的州，但海底油气资源的发现给丁加奴州带来了美好的前景。其西部是广阔的丁加奴高地，东部是狭长的南海沿岸平原，河流由西向东分头入海，因此水力资源非常丰富；河流中下游有稻田、橡胶园、椰子林和新开辟的油棕园；河口多岬角或丘陵。内地森林茂密，锯木业发达，以北加、日底为中心。沿海有甘马挽、朱盖、龙运、瓜拉马浪、瓜拉丁加奴及瓜拉比苏等渔港，瓜拉丁加奴和甘马挽是渔船修造中心。该州矿藏有铁、锰和钨等。草席、金银器、鱼饼和海龟蛋是该州的特产。

丁加奴州有丰富的天然气和石油，可开采30余年。

丁加奴州的首府是瓜拉丁加奴，是西马东岸的古城。同时也是全国有名的马来工艺中心。城市虽小却十分宁静，交通工具除汽车外，还有人力三轮车。该市出产蜡染花布、金银铜器、彩色纱笼布和木刻。出口咸鱼、木材、橡胶和椰干。

在瓜拉丁加奴市有一个斑打街，这是西马东岸的唯一的唐人街，街道两旁的房子全是两层楼，楼龄一般都超过50年以上，满眼都是中文招牌，楼房很有古意。很多墙壁依然保留传统中国富贵人家的色彩，雕梁画栋。在唐人街的中央，有一座中国庙宇，始建于清光绪年间，建材全由中国运来。这里的华人，多数是福建人，一般也都会讲广东话和普通话。

## 十四、联邦直辖区——吉隆坡

吉隆坡是1974年2月1日建为联邦直辖区的，是马来西亚首都。它是全国政治、经济、文化教育中枢，最大的工业与交通中心。华侨占全市人口的2/3，故又称“华人之城”。在东南亚各国首都中，它最年轻而发展速度最快。吉隆坡建城始于公元1857年，一位马来王者阿布都拉带领一群锡矿工人，在巴生河与高巴河的汇流处上岸寻找锡矿。锡矿业的繁荣，紧系着这座城早期的发展。随着河流上游锡矿的发现，此地便成一个小型贸易站和开矿者的集中地。1896年，英国人建立马来联邦，吉隆坡成为当时马来联邦的首都。吉隆坡在英国统治时期是行政中心，因此那段时期的道路系统和殖民地豪华大型的欧洲建筑，至今仍四处可见。清洁、美丽的市容，成行的行道树、公园和公共花园是吉隆坡日间吸引人之处，到了夜晚，则又成为名副其实的灯火辉煌的乐园，因此吉隆坡也赢得“灯花园城”之名。

吉隆坡建筑有浓郁的地方特色，古老的、现代的东西方各式建筑物和谐并存，马来族、华族、印巴族及欧洲人的不同宗教的寺庙和教堂各类兼具，作为各种建筑物代表既有火车站、政府大厦、邮政总局、国家博物馆、国会大厦、国家体育馆、默迪卡体育场、国家美术馆、马来西亚大学、国家清真寺以及曾是世界最高大厦的“双塔”等。自从1997年建成以来，双塔就成为吉隆坡的城标，双塔的所有者是马来西亚石油公司，总高452米，双塔之间的天桥免费对外开放，但是每天有人数和时间的限制，所以需要早上早点起来去排队领票。双塔底层是购物中心，上面有一个科学展览馆，展出一些关于海洋石油方面的知识。双塔附近有一个海洋馆。

除了上述的新建筑外，吉隆坡还保留了很多有特色的旧建筑——旧殖民大楼仍骄傲地矗立在市中心，布满夜市与小贩的中国城仍活力四射。许多游客对吉隆坡的第一印象就是繁忙嘈杂，但如果深入了解，却有另一番风味。

吉隆坡干净整洁的花园城市环境引人入胜，入夜后更显婀娜曼妙。棕榈树上悬挂的霓虹灯，酒店、商城、咖啡厅、酒吧投射出斑斓的光芒，来往车流拖曳出红白两面色的光带，串合一处，好似地上五彩的繁星，而不论哪个角落，都可看到被灯光装点的双塔耸入深不可测的苍穹，似乎为游人铺设了一条明亮的天阶，当真是一个歌舞升平的不夜城。吉隆坡还是一个购物天堂，著名的星光大道沿途一路有大型购物中心。

在吉隆坡可以品尝到世界各地的名菜，除了马来菜、中国菜、印度大餐、西餐外，还有巴基斯坦餐饮和日本料理。马来菜的代表餐厅有斯里马来由餐馆、伊甸村海味餐厅，吃中国菜可以到中国城的金莲记，施来池是物美价廉的印度菜系的餐厅，高乐香宾馆一楼的酒吧兼餐厅以西式的铁板烤牛排为著，南蛮亭则洋溢着浓郁的日本风情。

## 十五、联邦直辖区——纳闽市

纳闽，位于沙巴州西南部，是马来西亚的一个联邦直辖区。纳闽在马来语中是“良港”的意思，也是一个自由港及旅游胜地。

纳闽原本是文莱王朝的一部分，于1846年被文莱苏丹割让给英国，被英国改名为“维多利亚岛”（Victoria Island）。1848年纳闽成为英国皇家殖民地，并于1890年1月1日被英国合并为英属北婆罗洲的一部分。1906年10月30日，被合并为海峡殖民地的一部分。1941年，太平洋战争爆发，马来半岛、新加坡、北婆罗洲和沙捞越先后被日军所占领，纳闽被改名为“前田岛”。1945年，日本投降，英国殖民地政府取回统治权，纳闽重新受海峡殖民地政府管治。1946年7月15日，纳闽重归英属北婆罗洲。于1963年7月15日脱离英国的统治组成马来西亚，但归沙巴州管治。1984年4月16日正式成为联邦直辖区，并于1990年成为自由港及国际离岸金融中心。

自1990年纳闽被辟为岸外金融中心以来，已有近800家岸外公司在此注册，其中包括近50家国际知名的银行和金融公司、8家保险公司、16家信托公司。

岸外金融公司的业务范围包括银行业、保险业、公司融资、投资、资金管理以及除海运和采油以外的其他享受减税待遇的专项服务。中心对客户业务征收低税或者免税。对往来资金的汇兑数额不加限制，免收印花、遗产、地产税和附加税等。当局还为客户保密。

马来西亚于1990年制定了岸外金融中心法律，并在此之前将纳闽宣布为除吉隆坡之外的第二个联邦直辖区。选择纳闽建立岸外金融中心，是因为该岛的独特地理位置——它同曼谷、吉隆坡、马尼拉、雅加达、新加坡、香港等大都市的距离都差不多远。其稳定、有秩序的金融体系，对客户具有吸引力。为此，中心拨款10亿美元，用于改进纳闽岛的基础设施。目前该岛有直通东南亚主要大城市的空中航线，程控电讯联络遍及世界200多个国家和地区，新修的柏油马路和街道两旁密集的路灯柱令人耳目一新。

纳闽也称得上是个购物天堂。作为一个自由港口，这里的众多物品和其他地方比较起来，价格便宜多了。百货商店受欢迎的畅销物品包括首饰、运动器材、电器、纺织品、香水及酒精饮料。

纳闽常年都适合潜水。许多二次世界大战所留下的遗物（罹难船只及沉到海底深处的残余物），使纳闽成为最佳的潜水地点。

## 十六、联邦直辖区——普特拉贾亚

普特拉贾亚又称布城，是马来西亚的政治中心。以前的原始地貌是连绵起伏的丘陵地带，有许多大面积种植多年的棕榈园和橡胶园，掌握在私人手中。普特拉贾亚的城市规划开始于20世纪90年代初期，由当时的总理（马来西亚人称为首相）马哈蒂尔拍板决定，将私人种植园以赎买的方式收归国有，1996年开始实施建设。普特拉贾亚的城市建设共耗资约35亿美元。经过10余年的规划建设，普特拉贾亚现已是颇具规模的一座现代化新兴城市，也成为马来西亚一处新的旅游景点。普特拉贾亚距吉隆坡约25千米，位居吉隆坡市与吉隆坡国际机场之间。整个城市面积广阔，山林起伏，宏伟壮观，其中70%是绿地，环境清幽宜人。总理府、副总理府和政府各部从1999年起，已陆续迁入普特拉贾亚办公。由于距离吉隆坡较远，家在吉市而在该地上班的公务员们可以得到政府经济上的补贴。近年一些由马来西亚主办的国际会议也在这里召开。住宅区、商业区、文化及休闲设施和交通体系已基本配套。预计2020年基本建成，届时人口在13万~14万。

普特拉贾亚是一个密布花园和带有传统穹顶房屋的美丽城市，带有浓郁的伊斯兰和马来风格的现代建筑比比皆是。普特拉贾亚的建筑以低层和多层居多，建筑物高低错落、因地制宜，结合自然地貌特征，巧用地形高差，将现代建筑的城市人文景观融入都市丛林的生态背景之中，形成了天人合一的生动景观。

除此之外，普特拉贾亚造型宏伟的桥，也成为重要的景观元素，这些桥梁的建造提供了展示世界桥文化的平台，选用造型不同而又极富渲染力的上承式斜拉桥，已成为该市标志性景观。

## 第五节 政治与军事

### 一、政治制度

马来西亚实行君主立宪制（君主立宪制又分为二元君主制

和议会君主制，马来西亚属于议会君主制）。因历史原因，沙捞越州和沙巴州拥有较大自治权。

以巫统为首的执政党联盟国民阵线（简称“国阵”）长期执政，马来人占政治主导地位，政局稳定。1997年东南亚金融危机和安华事件曾对马政局造成冲击。1999年第十届全国大选中，国阵虽继续保持国会三分之二以上议席，但在马来人中支持率有所下降；反对党回教党势力上升，在吉兰丹和丁加奴两州执政。

2003年10月31日，马哈蒂尔辞去党政职务，副首相阿都拉接任首相及国阵、巫统主席，政权平稳过渡。阿都拉延续马哈蒂尔既定的内外政策，同时加强政府机构整顿和廉政建设，强调全民分享政治权力和经济发展成果，受到民众普遍欢迎和支持。

2004年3月，马来西亚提前举行第十一届全国大选，国阵创下历届大选最好战绩，赢得219个国会议席中的199席和505个州议席中的452席。阿都拉蝉联首相，领导地位进一步巩固。2005年、2006年，马来西亚政局继续保持稳定，国阵执政基础稳固。2008年3月，马来西亚举行第12届大选，上演政治大海啸，反对党即人民公正党、民主行动党及回教党一举攻陷5个州属，同时也拿下82个国会议席，改变了国阵多年来的2/3大多数议席优势。2009年，纳吉布·敦·拉扎克担任首相后采取的一系列稳定政局、发展经济的措施初见成效，其支持率明显上升。

## 二、宪法

1957年颁布马来亚宪法，1963年马来西亚成立后继续沿用，改名为马来西亚联邦宪法，后多次修订。宪法规定：最高元首为国家首脑、伊斯兰教领袖兼武装部队统帅，由统治者会议选举产生，任期5年。最高元首拥有立法、司法和行政的最高权力，以及任命首相、拒绝解散国会等权力。1993年3月，马议会通过宪法修正案，取消了各州苏丹的法律豁免权等特权。1994年5月修改宪法，规定最高元首必须接受并根据政府建议执行公务。2005年1月，马议会再次通过修宪法案，决定将各州的水供事务管理权和文化遗产管理权移交中央政府。

## 三、统治者会议

由柔佛、彭亨、雪兰莪、森美兰、霹雳、丁加奴、吉兰丹、吉打、玻璃市9个州的世袭苏丹和马六甲、槟榔屿、沙捞越、沙巴4个州的州元首组成。其职能是在9个世袭苏丹中轮流选举产生最高元首和副最高元首；审议并颁布国家法律、法规；对全国性的伊斯兰教问题有最终裁决权；审议涉及马来族和沙巴、沙捞越土著民族的特权地位等重大问题。未经该会议同意，不得通过有关统治者特权地位的任何法律。内阁首相和各州州务大臣、首席部长协助会议召开。

## 四、议会

也称国会，最高立法机构。由上议院和下议院组成，国会下议院议席共222个，议员任期5年。本届国会于2008年3月第12届全国大选后组成。以巫统为首的国阵拥有137席，史无前例地失去议会2/3的多数议席。反对党则赢得81席，其中民主行动党28席，回教党23席，人民公正党30席。脱离国阵的沙巴进步党2席，马来西亚社会主义党1席，以及无党派独立人士1席。上议院有70名议员，由全国13个州议会各选举产生2名，其余44名由最高元首根据内阁推荐委任，任期3年。

## 五、内阁主要职位设置

首相

副首相

（1）首相署部长

首相署副部长

（2）财政部长

第二财长

副部长

（3）教育部长

副部长

（4）交通部长

副部长

（5）种植及原产业部长

副部长

（6）内政部长

副部长

（7）新闻、通讯、文化与艺术部长

副部长

（8）能源、绿色工艺及水务部长

副部长

（9）乡村及区域发展部长

副部长

（10）高等教育部长

副部长

（11）国际贸易及工业部长

副部长

（12）科学、工艺及革新部长

副部长

（13）旅游部长

副部长

（14）农业及农基工业部长

副部长

（15）国防部长

副部长

（16）公共工程部长

副部长

（17）卫生部长

副部长

（18）青年与体育部长

副部长

（19）人力资源部长

副部长

（20）国内贸易、合作社及消费部长

副部长

（21）房屋与地方政府部长

副部长

（22）妇女、家庭与社会发展部长

副部长

（23）外交部长

副部长

（24）联邦直辖区部长

副部长

（25）天然资源及环境部长

副部长

## 六、司法机构

最高法院于1985年1月1日正式成立。1994年6月改名为联邦法院。设有马来亚高级法院（负责西马）和婆罗洲高级法院（负责东马），各州设有地方法院和推事庭。另外还有特别军事法庭和伊斯兰教法庭。

## 七、政党

注册政党有40多个。由14个政党组成国民阵线联合执政。2001年5月，沙巴人民正义党解散，并入巫统。2002年1月，反对党沙巴团结党重返国民阵线。

国民阵线（National Front）：执政党联盟。1974年4月在马来亚联盟党的基础上扩大而成，成员党相对独立。大选时各党采用统一的竞选标志和宣言，候选人议席由内部协商分配。强调发展经济，协调各政党利益，建立和平、稳定、繁荣、公正的社会。成员党包括马来民族统一机构（又称巫统，United Malays National Organization）、马来西亚华人公会（Malaysian Chinese Association）、马来西亚印度人国大党（Malaysian Indian Congress）、人民运动党（又称民政党，The People's Movement Party）、马来西亚人民进步党（The People's Progressive Party of Malaysia）、沙捞越土著保守统一党（Parti Pesaka Bumiputra Bersatu Sarawak）、沙捞越人民联合党（The Sarawak United People's Party）、沙捞越国民党（The Sarawak National Party）、沙捞越达雅克族党（Parti Bangsa Dayak Sarawak）、沙巴自由民主党（The Liberal Democratic Party of Sabah）、沙巴人民团结党（Parti Bersatu Rakyat Sabah）、沙巴民主党（Parti Demokratik Sabah）、沙巴团结党（Parti Bersatu Sabah）。国民阵线主席通

常由巫统主席兼任。

## 八、主要执政党

马来民族统一机构（The United Malays National Organization，简称巫统，UMNO）：马来人政党，成立于1946年5月11日。1987年4月因党争而分裂，被法庭判为非法组织。1988年2月马哈蒂尔在原巫统基础上重组“新巫统”（The New United Malays National Organization）。1996年，从巫统分裂出去的“四六”精神党重返新巫统后再次还名为“巫统”。巫统主席和署理主席代表国阵出任政府正、副首相。

马来西亚华人公会（Malaysian Chinese Association，简称马华公会，MCA）：最大的华人政党。1949年2月27日成立，原名马来亚华人公会，马来西亚成立后改为现名。

马来西亚印度人国大党（Malaysian Indian Congress，简称印度人国大党，MIC）：1946年8月2日成立。马来西亚印度、巴基斯坦族政党，旨在争取和维护两族利益。

## 九、主要反对党

回教党（Parti Islam Malaysia）：原称泛马伊斯兰教党。以马来穆斯林为主的宗教政党，主要势力在北马。1951年8月23日成立，1973—1977年曾加入国民阵线。1959—1978年和1990年至今在吉兰丹州执政，1999—2003年在丁加奴州短期执政。1992年8月决定在吉兰丹州实施伊斯兰刑事法。

民主行动党（The Democratic Action Party）：以华人为主的多民族政党。1966年3月19日成立，前身是新加坡人民行动党在马来半岛的分部。本届国会最大反对党。

人民公正党（National Justice Party）：1999年4月4日成立，

前身是1990年注册的伊斯兰教社会联盟。旨在联合各政党和非政府组织力量，抗衡政府，争取公正。2003年7月，人民公正党决定与反对党人民党合并为人民公正党。

### 十、军事

陆军的前身是1935年英国殖民地政府组建的马来兵团。1958年从英国人手中接管原英殖民地海军辅助部队，1963年正式改为马来西亚皇家海军。1958年6月1日正式建立马来皇家空军。最高元首是三军最高统帅。国防决策机构为国家安全委员会，总理任主席。武装部队总司令是军队最高指挥官。实行志愿兵役制，服役期为10年。

三军总兵力12.95万人。陆军10.5万人，编成1个军团司令部、4个师、1个快速反应旅、10个步兵旅、5个炮兵团、4个装甲团，装备坦克26辆、装甲车1,100余辆、火炮400门。海军1.25万人，编有两个海军司令部，编成10个中队，装备100余艘舰船，有海军基地4处。空军1.2万人，编两个管区（下辖5个营）、12个飞行中队和支援部队，有空军基地3处。另有预备役部队4.66万人，准军事部队20余万人。2005年国防安全支出约123亿林吉特，占全年总预算的12.5%。

## 第六节　历史

马来西亚在马来语中意为黄金，马来半岛被称为“黄金之乡”。

距今约1万年前的旧石器时代，马来半岛就已经有人类居住了。霹雳州的哥打淡边和宜力，彭亨州的新应山和劳勿，都先后发现了这个时代的遗存，如粗糙的石斧等。

公元初年，马来半岛北部出现了一个叫羯荼（Kedah）、狼牙修（Langkasuka）的国家（位于今吉打）。由于该地盛产樟脑、檀香、金和锡，而且位于古代中印国际通道的中途，十分适合过往商船停泊和交换商品，因此羯荼很快就成为当时重要的国际贸易中心。横贯克拉地峡的交通线以吉打河口为中途停泊站，逐步形成港口，以出口热带竹木、香料和锡而著名。通航范围达到印度、阿拉伯和中国。

据中国史籍记载，公元2世纪以后，马来半岛还相继出现丹丹、盘盘等国家。

公元7世纪时，马来半岛遭到苏门答腊的室利佛逝（Sri Vijaya）王国入侵。在几个世纪里，室利佛逝统治着几乎整个马来半岛。到14世纪时，爪哇人代替苏门答腊人占领马来半岛。

东马的开发要比西马晚得多，东马约在6—7世纪兴起婆利王国，与中国有海上往来，这时沙捞越西南地区才开始有对外贸易和铸铁业。

## 一、满剌加王国（1402—1511年）

公元1400年，由信奉伊斯兰教的“马来之子”（马来亲王）在马来半岛西岸的马六甲建立了满剌加王国。满剌加王朝最初只统辖马六甲附近的海域，以后才逐渐掌握了半岛南部地区，并获得了对邻近邦国的领导权，伊斯兰教也因此而传布开来。

以马六甲为中心的满剌加王国因位于东西方的交通要道上，故商业兴盛，贸易范围远达中国、印度、西南亚和非洲东部。其港埠沿马六甲河口伸展6.5千米，人口达4万多，通行84种语言，迅速发展成为东南亚最大的国际商港。

## 二、殖民地时期（1511年起）

1506年，葡萄牙人到马六甲经商，1511年，葡萄牙人占领马六甲，并且虏获马六甲的苏丹王，从而揭开了马来西亚近代史的序幕。

1640年，荷兰人占领马六甲，第二年荷兰人赶走了葡萄牙人。1786年英国人占领马来半岛西岸的槟榔屿之后，开始蚕食马来半岛内陆。英属东印度公司在1819年将影响力延伸至新加坡，1824年到达马六甲。英国人在取得马六甲、新加坡和槟城几个港口的控制权后，逐步占领了整个马来半岛，取代了荷兰人。从此，马来西亚沦为英国殖民地。殖民者在此开辟港口，开采锡矿，建立橡胶种植园，修筑公路和铁路，达百年之久。

1840年，英国探险家James Brooke帮助婆罗洲国王平定叛乱，婆罗洲国王赐予他古晋一带的国土，这位英国人就在古晋建立了自己的王国。在那时，沙巴州还是一个海盗出没的荒蛮之地，直到1882年，才为英国所占领，1888年两地合并，成为英国的保护地。

在英国的统治时期，由于商业贸易、锡业、橡胶业的迅速发展，外来移民迅速增加，其中以中国人、印度人最多。

日本军队于1941年12月在靠近吉兰丹州首府哥打巴鲁的东北海岸登陆，1942年1月，日本又侵占了北婆罗洲地区（沙巴和沙捞越地区）。马来西亚在短短70天内全部沦陷，至战争结束为止，日军占领马来西亚达40个月之久。

## 三、独立前后（1945—1963年）

第二次世界大战结束后，马来西亚再度被英国占领。1945年，马来西亚英国军事政府计划重新筹组一个马来西亚政府，但拟定筹组马来西亚联盟的计划受到部分苏丹的反对。1946年马来人民组成马来民族统一组织（UMNO），以维护各苏丹既有的主权，并谴责马来亚联盟计划之不当。由于UMNO激烈反对，英国政府只好同意另拟一份令双方都可接受的计划。

一份新的马来亚联盟计划在经过一番商讨后产生，新计划规定各苏丹仍拥有自主权，中央政府则由国王所委任的最高委员会组成。于是马来半岛上的9个邦、马六甲与槟榔屿于1948年2月1日正式成立马来亚联邦，受到英国保护，新加坡则脱离马来亚联邦，变成英国的直辖殖民地。

联邦政府成立后不久，就与马来亚共产党展开武力对抗。马来亚共产党试图发动一场革命，以成立“马来亚人民共和国”，但这一革命失败了。1948年6月联邦政府宣布进入“全国紧急状态”，紧急状态到1960年7月31日才宣告结束。

联邦政府在形势趋于缓和后，开始向独立努力。在马来亚首次地方选举中，马来民族统一组织与新成立的马华公会（MCA）共组联盟党。联盟党在拉赫曼（Abdul Rahman）领导下获得选举胜利，1954年又获联邦选举胜利，该党就成为马来西亚历来最有作为的政治组织。

马来亚第一次全民普选是在1955年7月。联盟党获得马来印度国大党的支持，更是如虎添翼，在52个席次中竟囊括了51席。联盟党提出马来亚联邦在1957年之前应完全独立。1957年8月31日，拉赫曼总理宣布马来亚联邦在英联邦内正式独立（8月31日被定为马来西亚国庆日或独立日）。1959年6月3日新加坡独立，成立自治邦。1962年马来亚联邦改名为马来西亚。

## 四、马来西亚的诞生（1963年）

独立的马来亚联邦维持了6年，当时的总理拉赫曼提出，联合新加坡、沙捞越与沙巴，成立马来西亚联邦。1963年9月16日马来西亚联邦宣告成立，马来西亚联邦正式成为大英联邦中一个拥有独立主权的国家。1965年8月9日，新加坡脱离联邦，成为独立的国家。

# 第二章
# 经济发展

## 本章导读

☆马来西亚社会传统的经济结构是以自给自足的农业为主，辅以不发达的商业和采锡业。在英国殖民统治时代，马来西亚经济从自给自足的封建经济，逐渐转变为殖民地农业和采矿业经济。独立和第一个五年计划时期（1957—1970年），“新兴工业法”的实施，标志着马来西亚工业化进程的开始。在1971—1990年这20年的新经济政策时期，农业逐步走向现代化，工业体系基本建立，出口总额位居东南亚国家之首，总体经济已接近新兴工业化国家水平。1991—2000年，提出使马来西亚在2020年成为“全面发达的工业化国家”的目标。但受1997年金融危机的冲击，国民生产总值、国民收入等经济指数呈马鞍状发展。不过由于措施得当，经济总体还是稳中有升，基本实现了“七五”计划预定的经济目标。进入21世纪，马来西亚“八五计划”强调加强经济竞争力和生产力，并向知识经济迈进，以应对全球化和自由贸易，总体经济发展良好。

## 第一节　战前的殖民经济（1945年前）

马来西亚地扼太平洋与印度洋海上交通的咽喉，马来亚西海岸地濒马六甲海峡，而沙捞越、沙巴则北临南中国海，战略位置十分重要。因此从16世纪初期西方殖民者开拓东方航路的时候，马来西亚就遭受殖民者的觊觎和入侵。在马来西亚独立之前，葡萄牙、荷兰、英国殖民者以及日本军国主义者，先后在此确立了不同程度的殖民统治。从经济的角度看，对马来西亚经济发展影响最大的，当属英国殖民主义的统治。

1640年的英国资产阶级革命为英国产业革命开辟了道路，18世纪后半期以后，随着产业革命的展开，英国资本主义发展迅速，与此同时，英国也加大了拓展海外原料及市场的力度，大肆抢占殖民地，掠夺殖民地的资源。马来西亚诸邦正是在这一背景下逐渐沦为英国殖民地的。

在英国殖民统治之前，马来亚社会传统的经济结构是以自给自足的农业为主，辅以不发达的商业和采锡业。在英国殖民统治时代，马来西亚经济从自给自足的封建经济，逐渐转变为殖民地经济。

马来西亚不仅地扼欧亚海路交通的要道，同时也有丰富的物产，特别是锡、橡胶等自然资源，产量位居世界前茅。殖民地时期的经济形态表现为：主要经济部门被外国资本控制；重要物产大多输往国外，农业的出口商品生产大于自给性生产，国内粮食长期供应不足；工业门类少，主要是为殖民者掠夺资源服务的采掘、加工和运输；交通线局限于沿海一侧，内地广大地区仍然是经济落后，人烟稀少。这一时期，殖民者利用马来西亚丰富的资源与廉价劳动力攫取了大量财富。

截至第二次世界大战前，马来亚是英镑集团赚取美元最多的地区，绝大多数美元都流入英国殖民政府的金库。当时马来亚也被称为“世界上富翁最多的地区之一”。而作为资本主义国家原料产地和商品市场的马来西亚，在殖民者的经济掠夺之下，国民经济以农业种植业和锡开采的工矿业为主畸形发展，工业极其落后。直到20世纪50年代末，马来西亚仍是一个殖民地经济色彩浓厚的农业国和产锡国。1957年以前，农业占国民总收入的75%左右，整个出口占国内生产总值的45%，而橡胶和锡则占出口收入的85%。此外，与“西马”相比，“东马”的经济落后，也是制约独立后马来西亚经济发展的一个重要因素。“东马”的面积虽然比“西马”大得多，但是绝大部分是茂密的原始森林和山脉，尽管资源丰富，却人口稀少，独立前几乎没有像样的工业。

虽然饱受殖民主义和帝国主义的长期掠夺与压榨，对于独立后的马来西亚来说，经济发展还是有着一定的优势和较好基础的。这其中，首先就是马来西亚有着丰富的自然资源。如矿产方面，有丰富的锡矿储量，还有铁、金、钨、煤、铝土、锰等矿藏；农业种植业方面，土地物产丰富，不仅盛产橡胶、棕榈等工业原料，也盛产热带水果和热带硬木等经济作物。其次，马来西亚地处沟通两大洋的海上交通要道，具有发展商贸和航运的地缘优势。再次，马来西亚长期作为资本主义的原材料产地，具有融入世界经济大循环的先天优势。

## 第二节　战后的经济恢复（1945—1956年）

第二次世界大战前，马来西亚的经济主要是采矿、橡胶、其他热带经济作物及农业。第二次世界大战期间，经济领域的诸多行业，除了供应日本侵略军的军需商品外，几乎全部停产；物资匮乏，物价飞涨，大批人员失业，经济处于崩溃的境地。第二次世界大战后，马来西亚（主要指“西马”），进入经济的恢复发展时期。

第一个阶段，即1945—1954年，是在英国当局的直接指导下，靠英、美等西方国家的投资促进经济恢复阶段。第二次世界大战后，马来亚人民独立意识觉醒，随着英国殖民统治的恢复，马来亚人民独立运动日益高涨，迫使英国政府让步，导致了1947年2月马来亚联邦的成立。不过这一联邦政权有名无实，实权仍掌握在英国人手中。英国殖民者为了保持其对殖民地经济的控制，迅速对马来亚进行恢复性的投资。到1952年，英国对马来亚的投资额增至5.7亿美元，同时，美国资本也挤入马来亚，同年投资增至4.6亿美元。国外资本的注入，使马来亚经济得以迅速恢复。

到1948年，作为支柱产业的橡胶业已恢复到战前水平。1950年，橡胶种植面积为135.9万多公顷，产量达69.25万吨。1955年，“西马”有耕地约221万公顷，橡胶种植占2/3，产胶近64万吨，占世界橡胶产量的40%，从事橡胶生产的人数达30万以上。而主要食粮——大米的种植面积仅占16%，生产大米41万吨，自给率只有46%。

另一支柱产业锡矿业，因获得7,500万美元战争损失补助费，也得到很快恢复，1950年的锡产量就已经超过战前水平。“西马”锡业产值占矿业产值的80%以上，年产锡6万吨，占世界总产量的1/3左右。战后初期，橡胶业和锡矿业在马来亚经济结构中居主导地位，制造业只有一些原料加工业、消费工业和机械修理业。

第二个阶段，即1955—1956年，是独立前在联盟党执政期间的经济恢复与发展阶段。在这一历史阶段，以马来民族统一机构（巫统）为首的联盟党组阁，成立了马来亚第一个民选的多数党政府。争取国家独立，是以东姑·拉赫曼首相为首的联盟党政府的首要任务，因此这一时期联盟党政府对经济发展没有给予应有的重视，在1956年初的联盟党与英国政府进行的独立谈判中，联盟党甚至做出了以牺牲经济利益为代价的妥协，以换取英国对其政治独立的承认。这一阶段拉赫曼政府之所以在领导经济发展方面缺乏作为，也与国家处于半独立的状态有关。如这一时期的拉赫曼内阁的财政、经济事务都由英国官员控制，内阁的行政也要受到英国高级专员的监督。因此这一阶段经济的恢复与发展，主要是依靠民间经济力量的推动。

## 第三节　独立和第一个五年计划时期（1957—1970年）

1957年8月31日，马来亚——马来西亚国家的前身宣布独立，结束了长达450年的殖民统治。马来亚国家的独立，为这一新生国家经济的自主发展奠定了政治基础。马来亚由于受多年殖民统治影响，经济结构片面畸形发展，高度依赖橡胶和锡的生产，而制造业十分落后，高度依赖进口。为了改变旧的经济结构，减少消费品的进口，提高自然资源的加工程度以扩大工业部门的就业机会，政府于1958年颁布了《新兴工业法》（*Pioneer Industries Ordinance*），规定按投资额、雇工数、投资地点、工业类别，给予2~5年减免40%的所得税，保证不把私人企业收归国有，允许私人资本自由流动，自由汇出利润。新兴工业包括范围很广，有31种174类，几乎包括所有替代进口的工业，从而使外国投资从过去传统的初级产品转向新兴工业部门。这一法案的实施，使马来亚替代进口工业得以发展，减少了对外国工业品的依赖，标志着马来亚工业化进程的开始。

1960年政府又设立工业发展金融公司，为私人制造业提供中长期贷款。政府采取的这些举措为马来西亚工业的发展打下了基础。在马来西亚第一个五年计划（1966—1970年）期间，马来西亚制造业的增长率达到了9%。

表2-1 第一个五年计划期间（1966—1970）马来西亚国内生产总值及其平均值（当时价）

| 年份 | 国内生产总值（百万林吉特） | 国民总收入（百万林吉特） | 人均国内生产总值（林吉特） | 人均国民收入（林吉特） |
|---|---|---|---|---|
| 1966 | 9,623 | 9,344 | 989 | 960 |
| 1967 | 9,762 | 9,647 | 976 | 964 |
| 1968 | 10,195 | 10,074 | 994 | 983 |
| 1969 | 11,218 | 10,939 | 1,068 | 1,042 |
| 1970 | 11,829 | 11,644 | 1,087 | 1,070 |

资料来源：Data source: Malaysia Economic Statistics – Time Series 2000。

表2-2 第一个五年计划期间（1966—1970）马来西亚对外贸易主要统计（当年价/百万林吉特）

| 年份 | 国内生产总值 | 出口 | 进口 | 出口净额 |
|---|---|---|---|---|
| 1966 | 9,623 | 3,845.8 | 3,378.7 | 467.1 |
| 1967 | 9,762 | 3,722.8 | 3,319.0 | 403.8 |
| 1968 | 10,195 | 4,122.5 | 3,524.1 | 598.4 |
| 1969 | 11,218 | 5,051.6 | 3,581.9 | 1,469.7 |
| 1970 | 11,829 | 5,163.1 | 4,288.4 | 874.7 |

资料来源：Data source: Malaysia Economic Statistics – Time Series 2000。

如上表所示：随着制造业的发展，马来西亚的经济有明显的增幅。如国内生产总值从1966年的96.23亿林吉特，增长到1970年的118.29亿林吉特；国民总收入从1966年的93.44亿林吉特，增长到1970年的116.44亿林吉特；人均国民收入从1966年的960林吉特，增长到1970年的1,070林吉特；进出口总量从1966年的72.24亿林吉特，增长到1970年的94.52亿林吉特，而且始终处于出口多于进口的出超地位，1969年出超净值高达14亿林吉特。足见马来西亚第一个五年计划的经济成效是非常显著的。

从1968年开始，为了鼓励发展出口导向工业，马来西亚颁布了《投资鼓励法》，提供了多项优惠政策，如延长工业税收优惠期限、减少出口税、给予出口津贴等，以鼓励外商投资出口企业。

1958—1968年，“西马”新兴工业部门新增140家，投资总额为4.45亿林吉特，其中外资为2.61亿林吉特，成为“西马”发展替代进口工业的重要力量，从而建立起以满足内需为主、以轻纺工业为核心的消费品制造工业。20世纪60年代，该国制造业的年增长率平均为10.2%，制造业的内部结构也得到改造，改变了过去以碾米、榨糖为主的工业布局，建立起了包括饮料、木制品、家具、印刷、橡胶制品、有色金属制品、服装、鞋类等在内的工业体系。基本改变了消费品严重依赖进口的局面。日用消费品进口占进口总额的比例不断降低，到1970年只占17%（1960年为21%）。而生产设备的进口比例大幅度上升，1970年占36%（1960年只占21%），这证明制造业得到了很大发展。在一定程度上也解决了就业问题。1960—1970年加工制造厂由5,000多家增加到1万家，吸收就业人数由13.57万人增加到25.19万人，增长幅度为85.6%。

在农业方面，政府主要采取了组织和鼓励垦荒，扩大粮食、橡胶和油棕的种植，发展多种经营的政策。马来亚虽然是个农业国，但由于殖民地时期形成的畸形经济，粮食十分缺乏。独立之后，政府大力鼓励稻米生产，组织了由政府资助的合作机构，修建灌溉工程，并强调要使用良种和肥料，改善以马来人为主的稻农生活水平。到20世纪60年代末，该国大米已能满足本国70%的需要，比独立前有很大进步（1956年为45%）。同时，从20世纪60年代起，政府根据本国经济特点，推行农业多元化政策，根据国际市场变化的需要，积极鼓励油棕、可可、胡椒等经济作物的生产，到1966年马来西亚已成为世界最大的棕油产销国。同时，大量种植高产橡胶树，使橡胶产量和出口量居世界首位。

在此期间，马来西亚的国内生产总值年平均增长率逐步提高：1956—1960年为3.6%，1961—1965年为5.4%（以上是“西马”的数字），1966—1970年为5.6%（以上是马来西亚数字）。

## 第四节　新经济政策（第一个远景计划纲要）时期（1971—1990年）

1970年马来西亚开始施行旨在消除贫困与社会重组的“新经济政策”（又称“第一个远景计划纲要”），该政策是1969年“5·13种族冲突事件”的直接产物。[①]不少马来人认为冲突事件的根源在于马来人、华人两族经济发展的不平衡。调查统

①1969年5月13日，吉隆坡的华人青年上街庆祝华人政党选举胜利，引发了华人与马来人之间的大规模冲突。马来族极端分子鼓动马来族社区居民冲击华人居住区，在此次冲击中，华人店铺和住宅遭到纵火和抢劫，致使150多人死亡，大量华人家庭和财产被毁。史称“5·13种族冲突事件”。

计表明，马来土著的月均收入远远低于华人，1970年全马来西亚贫困率为49.3%，土著贫困率达64.8%。为了扶持土著经济，消除种族经济差距，新经济政策提出消除贫困，重组社会，建立一个公平合理、进步繁荣的长远社会的经济发展目标。

新经济政策具体内容是：在1971—1990年这20年中，①不分种族，为穷人获得土地、资金和其他社会福利提供更多的机会，以增加就业和提高收入。规定这期间贫困人口在全国总人口中所占的比重由49.3%下降到16.7%。②利用行政手段，对各种族的资本所有权进行重新组合，马来西亚各种族的资本占有率：马来人由2.4%提高到30%，非马来人（主要是印度人和华人）只能占40%，外国资本不能超过30%，实现“种族经济平衡”。同时规定在就业人口比率方面要反映出种族人口的比率（马来人占53%，华人占35%，印度人占10%），以改变原来的“不平衡状态”。③马来人在各部门中所占的比重，第一产业从67.6%降到61.4%，第二产业从38%上升到51.9%，第三产业从37.9%升到48.4%。④该政策还提出了1971—1990年的主要经济年均增长指标，如国内生产总值增长8%，农林渔业增长5.4%等等。总之，新经济政策的基本点是依靠国家政权力量，全力扶植马来人向工商业领域发展，壮大马来人的资本，使马来人最终不仅在政治上占统治地位，而且在经济上占据主导地位。

该政策中“种族经济平衡”计划的实施结果是：

1. 至1990年，马来人的股权占有率上升为20.3%（指标30%），马来人在第二产业中的比重上升为49.8%（指标是51.9%），马来人在第三产业中的比重上升为50.9%（指标是48.4%）；至1990年，全国的贫困率降至17%（指标是16.7%）；全国人均收入从1970年的350美元增加至1990年的2,437美元。

2．农业仍在国民经济中占有重要地位，政府仍重视对农业的投入。1981—1985年投入资金为76.71亿林吉特，1986—1990年增加至118亿林吉特。政府的投资主要用于三个方面：一是用于开发土地，增加耕地面积，安置无地佃农，种植新培育的经济作物；二是用于农田基本建设，建造水利灌溉工程，在20世纪70年代上半期完成了两个大规模的排灌工程——吉兰丹州的吉姆达工程和吉打、玻璃市的慕达工程；三是用于提高农业产量，扩大油棕、可可等经济作物的种植面积，实现农业多元化。在政府的支持下，农业有了很大发展，并从原来以橡胶为主发展到以油棕与橡胶为主，大米、可可、椰子为辅的多元化结构。

3．制造业方面，为加速工业化步伐，马来西亚政府于1986年制定了工业发展五年规划。实行资源基础工业与出口导向工业并举的战略。积极调整产业结构，把制造业作为发展的主要目标，同时促进产品多样化，以出口带动整个经济的发展，彻底改变以往主要依赖锡、天然橡胶、棕油、木材和石油天然气等初级产品出口的状况。在这一时期，制造业在马来西亚政府的大力扶持下，成为发展最快和最主要的经济部门。1971—1990年平均每年增长10.3%，占国内生产总值的比重也从1970年的13.4%，提高到1990年的26.6%。其中录像机、彩电、音响设备和电子计算机等电子电器业发展最快，年增长率最高达40%，已成为制造业比重最大的产业，出口量占制成品出口总额的一半以上；半导体金属的产量和出口量仅次于美国与日本，居世界第三位。在这一时期，槟榔屿已成为世界电子工业的重要生产基地之一。电子电器业是在20世纪70年代开始迅速发展的，其特点是以装配为主，从国外大公司进口原件、组件和半成品，组装为成品后再出口到国外销售。几乎所有电子电器企业都是外国跨国公司在马来西亚设立的子公司，在外资中又以美资和日资最多。马来西亚的电子电器产品有电子组件、家用电器以及工业电器三大类，这些产品多出口国外，使马来西亚成为重要的电子电器出口国，其出口额占本国制造业出口的50%左右。1985年的出口额为54亿林吉特，1989年增至160亿林吉特。其中家用电器出口增长最快，1985—1989年平均每年增长63.4%。

石油化学工业发展也很快，它是在20世纪60—70年代发展起来的，成为制造业的另一根支柱。在20世纪70年代，石化产品是该国出口的主要项目，占制造业出口额的31.9%，20世纪80年代中期降至26%，到1990年只占5%，为28亿林吉特。马来西亚出口的石化产品主要是液化气、石油以及药品、化妆品、油漆、尿素、硫酸铵等。

马来西亚的食品工业在20世纪70年代发展较为缓慢，在制造业中的比重不断下降，到1981年只占23.4%（而在1968年占28.2%）。在1985年经济衰退时，政府为了减少食品进口的巨额开支，鼓励发展食品工业。1985—1990年平均增长率为5.8%，但仍低于制造业发展平均水平。马来西亚食品还不能自给，仍需大量进口，但同时食品出口也不断增加。1987年出口额达11亿林吉特，1990年增至20亿林吉特左右。马来西亚进口的食品主要是大米、烟草、茶叶及食品原料，出口的主要是菠萝罐头、果汁罐头、奶制品、面粉与饲料等。

钢铁工业也有所发展，特别是20世纪80年代以来，政府倡导发展基础工业，其产品产量有大幅度增加。钢产量从1982年的26.5万吨，增加到1990年的67.2万吨。马来西亚铁砂蕴藏量较少，钢铁工业的原料大部分靠进口。马来西亚的钢条可基本自给，但钢板主要靠进口。同时，马来西亚也有钢铁产品出口，

1988年出口占其总产量的30%。

马来西亚的汽车制造业也取得了长足的发展，英雄牌小汽车在国内外已小有名气，年产量达10万辆。其中20%出口英国和新加坡。此外，纺织成衣业、木材加工业等也有不同程度的发展。

4. 在交通运输业方面，在这一时期，随着工业化进程的加快，政府对交通运输业给予高度重视，投入了大量资金，使马来西亚成为东盟中交通运输设施最好的国家之一。到1990年，全国公路长达64,445千米，90%以上是沥青或混凝土路面。该国车辆增加也很快，到1990年，全国私人拥车率已达96%，是东盟中人均拥车率最高的国家。铁路运输也有所发展，1974年客运人数为596万人次，1990年增加至900万人次；1980年货运为119,500万吨公里，1990年增至140,400万吨公里。海运业本来有较好基础，在这一时期又有较大发展，商船吨位1980年为702千吨，到1989年发展到1,668千吨，其中油船从62千吨发展至163.1千吨，货船从289千吨，发展到347千吨。马来西亚航空业过去被外国公司所把持，1971年政府建立了马来西亚航空公司，与20多个国家和地区签订了航空协定，并在国外设办事处。政府每个五年计划都拨巨款对原有机场加以维修或扩建，并新建现代化机场。至20世纪80年代末国内共有大小机场100多个，并有4个国际机场。马航的飞机每周飞行近3,000次，年载客量达1,200多万人次。

5. 对外贸易方面，马来西亚自20世纪70年代开始实施面向出口工业化战略，使马来西亚对外贸易迅速发展。

表2-3 1971—1990年马来西亚对外贸易主要数据统计（百万林吉特）

| 年份 | 出口 | 进口 | 进出口净值 |
|---|---|---|---|
| 1971 | 5,016.8 | 4,416.2 | 600.6 |
| 1972 | 4,854.0 | 4,543.2 | 310.8 |
| 1973 | 7,372.1 | 5,933.9 | 1,438.2 |
| 1974 | 10,194.7 | 9,891.2 | 303.5 |
| 1975 | 9,230.9 | 8,530.4 | 700.5 |
| 1976 | 13,442.0 | 9,713.3 | 3,728.7 |
| 1977 | 14,959.2 | 11,164.7 | 3,794.5 |
| 1978 | 17,073.9 | 13,645.9 | 3,428.0 |
| 1979 | 24,222.0 | 17,161.1 | 7,060.9 |
| 1980 | 28,171.6 | 23,451.0 | 4,720.6 |
| 1981 | 27,109.4 | 26,603.8 | 505.6 |
| 1982 | 28,108.2 | 29,023.0 | –914.8 |
| 1983 | 32,771.2 | 30,795.2 | 1,976.0 |
| 1984 | 38,646.9 | 32,925.9 | 5,721.0 |
| 1985 | 38,016.7 | 30,437.8 | 7,578.9 |
| 1986 | 35,720.9 | 27,921.4 | 7,799.5 |
| 1987 | 45,224.9 | 31,933.9 | 13,291.0 |
| 1988 | 55,260.0 | 43,293.4 | 11,966.6 |
| 1989 | 67,824.5 | 60,858.1 | 6,966.4 |
| 1990 | 79,646.4 | 79,118.6 | 527.8 |

资料来源：Data source：Malaysia Economic Statistics – Time Series 2000。

表2-4 1980—1990年马来西亚进出口贸易值（百万美元）

| 项目 \ 年份 | 1980 | 1985 | 1986 | 1987 | 1988 | 1989 | 1990 |
|---|---|---|---|---|---|---|---|
| 进口 | 10,820 | 12,301 | 10,823 | 12,701 | 16,551 | 22,496 | 29,300 |
| 出口 | 12,958 | 15,442 | 13,753 | 17,939 | 21,110 | 25,053 | 29,500 |
| 贸易平衡 | 2,138 | 3,141 | 2,930 | 5,238 | 4,559 | 2,557 | 200 |

资料来源：李延凌等：《战后东南亚政治与经济研究》，广西人民出版社，1997年。

从上表可以看出：进出口总额从1971年的不足100亿林吉特，到1990年超过1,587亿林吉特，成为全球前30位的贸易大国。进出口贸易总额1980年比1971年增加近4.5倍，1990年比1971年增加近16倍。同期数字按美元计算进行比较：1980年进出口总额达237.8亿美元，比1970年增加近4倍。20世纪80年代中由于马来西亚经济衰退，对外贸易受到影响，1986年贸易总额为245.76亿美元，比1985年的277.43亿美元下降31.67亿美元。到20世纪80年代后期，经济复苏，对外贸易又迅速增长，1990年进出口总额达588亿美元。连年出现顺差，其中最高为1987年，顺差达52.38亿美元。以后由于进口增长加快，顺差逐年递减，1990年为2亿美元。

这一时期马来西亚主要贸易对象是新加坡、日本、美国、欧共体和澳大利亚。过去出口产品以橡胶、棕油、锡、原木等初级产品为主，但自20世纪70年代以后出口产品中的制成品比重不断增加，1978年已占出口总值的21%，到1990年增加到47.14%。制成品出口在20世纪70年代以石化产品、食品和木材制品为主，20世纪80年代则以电子电器产品、石化产品和纺织服装产品为主。这表明该国出口产品结构已达到较高水平。进口产品在20世纪80年代中期以前主要是农产品（粮食等）、机械电子产品、化工产品、服装纺织等。到20世纪80年代末初级农副产品在进口中的份额不断下降，1989年只占4.5%（在10年前为10%），工业原料如矿石、纺织纤维、有色金属等进口比率迅速增加，在进口总值中比重达13%。制造业元件以及各种交通电信设备进口比率也不断增大，其中电子电器元配件的进口到20世纪80年代末约占总进口额的30%~40%。

6．总体经济显著增长。其中四个五年计划的国内生产总值增长率分别是：第二个五年计划（1971—1975年）为7.1%，第三个五年计划（1976—1980年）为8.6%，第四个五年计划（1981—1985年）为5.08%，第五个五年计划（1986—1990年）为6.75%。应该说这在发展中国家是相当突出的。

表2-5　第二个五年计划期间（1971—1975年）马来西亚国内生产总值及其平均值（当年价）

| 年份 | 国内生产总值（百万林吉特） | 国民总收入（百万林吉特） | 人均国内生产总值（林吉特） | 人均国民收入（林吉特） |
|---|---|---|---|---|
| 1971 | 12,955 | 12,592 | 1,161 | 1,128 |
| 1972 | 14,220 | 13,842 | 1,243 | 1,210 |
| 1973 | 18,723 | 18,064 | 1,598 | 1,541 |
| 1974 | 22,858 | 21,861 | 1,905 | 1,822 |
| 1975 | 22,332 | 21,606 | 1,816 | 1,757 |

资料来源：Data source: Malaysia Economic Statistics – Time Series 2000。

表2-6　第三个五年计划期间（1976—1980年）马来西亚国内生产总值及其平均值（当年价）

| 年份 | 国内生产总值（百万林吉特） | 国民总收入（百万林吉特） | 人均国内生产总值（林吉特） | 人均国民收入（林吉特） |
|---|---|---|---|---|
| 1976 | 28,085 | 26,988 | 2,231 | 2,144 |

续表

| 年份 | 国内生产总值（百万林吉特） | 国民总收入（百万林吉特） | 人均国内生产总值（林吉特） | 人均国民收入（林吉特） |
|---|---|---|---|---|
| 1977 | 32,340 | 31,064 | 2,507 | 2,408 |
| 1978 | 37,886 | 36,186 | 2,870 | 2,741 |
| 1979 | 46,424 | 44,354 | 3,434 | 3,281 |
| 1980 | 53,308 | 51,390 | 3,841 | 3,703 |

资料来源：Data source: Malaysia Economic Statistics – Time Series 2000。

**表2-7　第四个五年计划期间（1981—1985年）马来西亚国内生产总值及其平均值（当年价）**

| 年份 | 国内生产总值（百万林吉特） | 国民总收入（百万林吉特） | 人均国内生产总值（林吉特） | 人均国民收入（林吉特） |
|---|---|---|---|---|
| 1981 | 57,613 | 55,602 | 4,041 | 3,900 |
| 1982 | 62,599 | 59,710 | 4,273 | 4,075 |
| 1983 | 70,444 | 66,033 | 4,681 | 4,388 |
| 1984 | 79,550 | 74,182 | 5,149 | 4,801 |
| 1985 | 77,470 | 51,390 | 3,841 | 2,548 |

资料来源：Data source: Malaysia Economic Statistics – Time Series 2000。

**表2-8　第五个五年计划期间（1986—1990年）马来西亚国内生产总值及其平均值（当年价）**

| 年份 | 国内生产总值（百万林吉特） | 国民总收入（百万林吉特） | 人均国内生产总值（林吉特） | 人均国民收入（林吉特） |
|---|---|---|---|---|
| 1986 | 71,594 | 66,814 | 4,384 | 4,092 |
| 1987 | 81,085 | 76,104 | 4,834 | 4,537 |
| 1988 | 92,370 | 87,286 | 5,364 | 5,069 |
| 1989 | 105,233 | 99,330 | 5,958 | 5,624 |
| 1990 | 119,081 | 114,017 | 6,578 | 6,298 |

资料来源：Data source: Malaysia Economic Statistics – Time Series 2000。

从“新经济政策”的总体经济成效来看，如上述诸表所示：马来西亚国内生产总值从1971年的129.55亿林吉特增至1990年的1,190.81亿林吉特，20年间增加了8倍。年均国内生产总值增长6.89%。1986年经济增长为1.9%，1987年因主要出口商品价格上涨，出口增长幅度较大，带动经济增长，发展速度为4.7%。1988年对外贸易的进一步发展和私人消费的增长拉动了经济发展，马来西亚这一年的增长速度达8.0%，国民经济走向全面复苏。

从国民经济各部门的发展来看，制造业发展尤为迅速。制造业在国内生产总值中所占比重由1970年的13.4%上升到1980年的20.5%和1987年的22.2%，而农业在国内生产总值中所占比重同期由30.8%下降到21.2%和21.1%，表明马来西亚的经济已初步摆脱了过分依赖农业的局面。自1988年以来，马来西亚的经济发生了举世瞩目的变化，经济连续多年持续增长，年平均增长率高达9%左右。

截至20世纪80年代末，马来西亚国内平均每3人就拥有一辆小汽车，每8.8人拥有一部电话，彩电和冰箱等家用电器已普及到边远山村；医生拥有率由1985年的1:2600上升到1990年的1:1900，被世界银行列为中等收入国家。在外贸方面，出口总额位居东南亚国家之首。今日的马来西亚，其经济已接近新兴工业化国家水平，被认为是东南亚经济最有活力和发展速度最快的国家之一。

总之，在1971—1990年这20年间，特别是在20世纪80年代，马来西亚经济有了很大发展，但是由于原定指标过高以及中途受世界经济衰退的影响，新经济政策所订的许多经济指标没有达到（如GDP年平均增长率未能达8%）。然而，其贫困率已从1970年的49.3%下降至1990年的17%，基本上达到原定

16.7%的要求；职业上的种族构成也比过去改观，土著股权占有率也上升到20.3%，种族经济差距大的状况有所改变。这为政府在下一阶段推行比较宽松的民族经济政策奠定了基础。

然而，这种带有种族歧视性质的新经济政策的实施，给马来西亚经济带来了严重后果。主要表现在：新经济政策大大限制了非马来人私人资本的发展，挫伤了他们的投资热情；国家花巨资兴建的一批国营企业对某些行业实行垄断，限制了其他民族私人企业的正常经营活动，而大企业亏损严重，成为政府的沉重包袱；在大量吸引外资的同时，本国的资本（主要是华人资本）却流向国外，甚至资金流出速度超过了流入速度。进入20世纪80年代后，经济增长开始减速，到1985年，经济全面陷入困境，经济增长为-1.0%；1981—1985年的年平均经济增长为5.8%，也低于20世纪70年代的平均水平，私人投资平均增长率只有1.8%，人均国内生产总值（按当年价格计算）年平均增长5%，低于20世纪70年代的12.9%。当然，这其中不排除20世纪80年代中期发达国家经济危机对马来西亚的影响。

## 第五节　2020年宏愿（第二个远景计划纲要）时期（1991—2000年）

在马来西亚的新经济政策期满后，在经济发展良好的态势下，马来西亚政府在2001年先后制定了《2020年宏愿》、“第二个远景计划纲要”和马来西亚经济发展第六个五年计划等一系列新的经济发展规划和计划，使马来西亚的国家发展有了更为明确的远景和目标。

《2020年构想》也称《2020年宏愿》，是1991年2月马哈蒂尔政府为马来西亚国家发展制定的中长期目标。目标是使马来西亚在2020年成为“全面发达的工业化国家”，其具体指标是：通过不断提高制造业在国内生产总值中的比例，使国内生产总值每10年翻一番，年均经济增长率达到7%；30年后人均国民收入增长4倍，达到1.2万美元左右。

1991年6月，马来西亚政府颁布了“1991—2000年经济发展纲要”，又称“第二个远景计划纲要”，包括两个五年计划（“六五”、“七五”），跨度为10年。纲要规定，要以“新发展政策”取代原先的“新经济政策”。“新发展政策”主要经济指标是：要求在今后10年内使国民经济总产值翻一番，国内生产总值年均增长7%，其中制造业、农林渔业、矿业、服务建筑业的年均增长率分别为10.5%、3.5%、1.5%和7.2%，制成品在出口中的比例达到80%，贫困率从17%降到7%。新发展政策强调基础工业多元化，重视人力资源开发。不再规定马来人占有30%股权的具体实现日期，虽然政府扶持马来人经济的决心没有变化，但是更强调通过经济平衡发展达到社会公正的目标，使经济发展先于按种族分配财富。

## 一、“六五”计划的实施

1991年7月，马来西亚政府公布了“第六个五年计划”（1991—1995年），为新的国家发展政策制定了第一个阶段性的实施方案。

在第六个五年计划执行过程中，马来西亚政府注意进一步促使经济增长方式从劳动密集型向资本技术密集型特别是技术密集型转变。为此采取了一系列措施，其中包括：

（1）重视和鼓励科技开发，投资建设及提高国内的科学与技术开发基本设施，陆续设立马来西亚科学与工艺资讯中心、国家科学中心、工艺园等。

（2）鼓励建立资本技术密集型企业，限制劳动密集型企业，特别注重发展资讯工业、电子工业、宇航工业以及环保设备等领域的技术。为了鼓励投资上述工业，政府推出了一系列税务优惠，如规定凡获多媒体发展局推荐，到多媒体超级走廊投资的公司，均可获得多种税务优惠，包括减免税10年，预备器材免税等。另一方面，1991年11月财政部向国会递交的1992年年度财政预算案中列有一条修订案，对以往包括劳动密集型企业在内的新兴工业企业的5年免除所得税改为减税，要征11%的公司税，并且减税期不得延长；将符合剔除投资税的最高限额比例从100%降为60%。事实上，从20世纪90年代以来，建立劳动密集型新企业的申请已很难获得批准。

（3）进一步重视人力资源培训，为开发和应用科技提供足够的人才。过去马来西亚高等教育注重精英教育，大学毕业生有限；而且以文科生占多数，中等教育则倾向于全面的普通教育，职业技校较少（仅40多所），造成马来西亚工科技术人才（工程师）短缺，行业熟练技工（熟练半熟练工人）出现不足的状况。为了配合经济转型，培养大批熟练工人、技术人员和工程师，政府加大了对教育的投入。到1995年投入的教育与培训经费达81.78亿林吉特，还筹办3所新大学和数所学院。在大学中增加理工学生比例，对中等技术和职业学校实行扩建、增建和升级。同时，也鼓励外资企业设立技术培训机构与技术开发机构，技术培训的经费可以从公司应付所得税中扣除。此外，政府还设立“人才开发基金”，用以培养技术人才。

1995年，马来西亚完成自1991年开始的第六个五年计划。这是马来西亚历史上执行最成功的一个五年计划。具体经济指数如表所示：

表2-9 第六个五年计划期间（1991—1995年）马来西亚国内生产总值及其平均值（当年价）

| 年份 | 国内生产总值（百万林吉特） | 国民总收入（百万林吉特） | 人均国内生产总值（林吉特） | 人均国民收入（林吉特） |
|---|---|---|---|---|
| 1991 | 135,123 | 128,324 | 7,285 | 6,919 |
| 1992 | 150,682 | 142,676 | 7,913 | 7,492 |
| 1993 | 172,193 | 163,928 | 8,802 | 8,379 |
| 1994 | 195,460 | 186,049 | 9,719 | 9,251 |
| 1995 | 222,472 | 212,095 | 10,753 | 10,251 |

资料来源：Data source: Malaysia Economic Statistics – Time Series 2000。

表2-10 第六个五年计划期间（1991—1995年）马来西亚对外贸易主要数据统计（当年价/百万林吉特）

| 年份 | 国内生产总值 | 出口 | 进口 | 出口净额 |
|---|---|---|---|---|
| 1991 | 135,123 | 94,496.6 | 100,831.1 | –6,334.5 |
| 1992 | 150,682 | 103,656.7 | 101,440.5 | 2,216.2 |
| 1993 | 172,193 | 121,237.5 | 117,404.7 | 3,832.8 |
| 1994 | 195,460 | 153,921.2 | 155,921.0 | –1,999.8 |
| 1995 | 222,472 | 184,986.5 | 194,344.5 | –9,358.0 |

资料来源：Data source: Malaysia Economic Statistics – Time Series 2000。

“六五”计划的五年中，GDP 年平均增长率达 8.6%，超过原计划 7.5% 的预定目标。1995 年更是高达 9.6%，人均国民生产总值为 3,530 美元，也超过了原计划指标。通货膨胀率一直控制在 4% 以内，对外贸易等均有大幅度增加，贫困率、失业率大大下降。

## 二、“七五”计划期间经济的曲折发展

1996年5月，马哈蒂尔总理向国会提呈第七个五年计划（1996—2000年）。该计划针对“六五”期间经济存在的问

题，提出在继续保持经济高速增长、低通货膨胀的同时，适当放慢发展速度，将增长率降至8%，以便进行战略和结构调整，缓解“瓶颈问题”对经济发展的影响。计划还将改善国际收支状况、继续推行社会重组政策、改变各种族收入不平衡现象等作为“七五”的发展目标，计划至2000年实现国际收支盈余，消灭赤贫。

1996年11月马来西亚推出第二个工业发展蓝图（1996—2005年），提出促进工业迅速向资金和技术密集型转化，提高工业产品附加值，使工业在国内生产总值中的比重十年内提高到38.4%。在这个计划下，政府设定在1996—2005年的新计划期间内，制造业每年的增长率为9.6%，到2005年时使制造业占全体经济的比率达38.4%（1996年为33.1%）。在上述两个原则下，马来西亚政府制定了五个制造业发展的策略，分别为：①国际化取向：以国际市场为目标，发展国际规模及国际水准的企业；②强化竞争力：发展产业群、深化和扩大产业链，以提升生产力；③改善产业基础：改善人力资源素质，加强技术吸收能力，改善基本建设等；④培养本土企业：加强本国企业家在重点产业的参与；⑤资讯知识产业的发展：以资讯及知识为产业发展的基础，强化产品开发、销售及采购能力。在上述发展策略下，政府选定了几个重点产业群，分别为：国际化产业群，包括电机电子业、化学业（含石化及制药）及纺织成衣；策略性产业群，包括交通工具（火车、汽车）、材料（多元酯材料、金属材料）及机械设备等；资源性产业群，包括以木材、橡胶、棕榈油、可可等为基础的产业，以及以农渔产品为基础的产业。上述所谓国际化产业群，是以外来投资为主导的产业，这些产业以外销为导向；所谓策略性产业群，是以政策引导的投资，以内销为导向；至于资源性产业群是指以马来西亚的天然资源为基础的产业。

1997年7月2日，泰国抵制不住国际金融炒家大量抛售泰铢的压力，突然宣布放弃泰铢与美元的联系汇制，对泰铢实行“有管理的浮动”，引起泰铢一落千丈，贬值20%以上。这一由货币贬值所引起的金融风暴随后由泰国蔓延到马来西亚、新加坡、印尼等其他东南亚国家，甚至还影响到了东欧和拉美的一些国家，形成了一场震荡世界的金融危机。

面对这场暴风骤雨般的金融危机，马来西亚不仅汇率大幅贬值，股市也遭受重挫。在危机不断扩大之际，马来西亚却出人意料地拒绝了国际货币基金组织提出的金融援助和调整改革措施。不过从9月4日起，马来西亚政府也采取了以紧缩为核心的反应措施，宣布暂停了高达100亿美元的长期投资计划。12月5日，国家又把紧缩措施从基本建设推广到了其他消费领域，其目的就是抑制对外国货币更多的需求。这些紧缩措施还包括，大大削减政府的财政预算18%，无限期推迟全世界最长的管道计划，冻结马来西亚对海外的扩张性投资，冻结新的上市公司，把政府各部委的高级官员和雇员的工资砍掉10%。东南亚金融危机的爆发，使马来西亚经济遭受严重打击。经济损失估计逾2,000亿美元。当年马来西亚人均收入由1996年的4,447美元降至4,000美元左右。

**表2-11　1997—1998年马来西亚经济指数表**

| 经济指数 | 1997 | 1998 |
|---|---|---|
| 实质GDP增长率（%） | 7.7 | -6.7 |
| 制造业增长率（%） | 12.5 | -10.2 |
| 消费者物价上涨率（%） | 2.7 | 5.3 |
| 出口值（十亿美元） | 78.5 | 73.1 |

续表

| 经济指数 | 1997 | 1998 |
|---|---|---|
| 进口值（十亿美元） | 78.5 | 58.2 |
| 贸易账（十亿美元） | 0.0 | 14.9 |
| 经常账（十亿美元） | –5.0 | 9.2 |
| 外汇储备（十亿美元） | 21.0 | 25.3 |
| 外债（十亿美元） | 60.7 | 40.7 |
| 平均汇率（RWUSS） | 2.813 | 3.923 |

资料来源：据马来西亚中央银行1997、1998年年报，“马来西亚经济平台”网站http://www.mytrade.com.my/index_MainChiNews.htm。

紧缩措施的实行，所导致的一个直接后果，就是在1998年上半年经济出现了严重的衰退情形。如上表经济指数所示，进入1998年，金融危机的影响使马来西亚经济进一步恶化。上半年经济负增长6.8%。通货膨胀率升至5.7%，人均收入降至2,500美元左右。利率高涨、贷款紧缩、游资紧缺、企业倒闭增加。1998年实际GDP严重衰退6.7%，制造业产业衰退10.2%，以美元计价的进出口值也分别衰退25.9%及6.9%。

为了应对金融风暴所带来的经济危机，1998年1月7日，马来西亚政府成立了国家经济行动理事会（NEAC），NEAC作为政府经济咨询机构负责起草国家经济振兴计划，其中比较关键的建议有：政府以财政的刺激配套来制止经济领导行业的继续萎缩和迅速地重新启动经济；放松货币政策来降低利息；成立拯救产业公司来协助银行业解决产业贷款的困境；成立拯救资产公司来重组资产和巩固银行业；成立企业机构债务委员会来协助还有潜能的企业机构做出自己的债务自动重组。总的目标是力求以较宽松的货币政策及扩张性的财政政策来缓和国内需求的不振。1998年7月，马来西亚政府出台了应对经济困境的宏观措施，正式公布了“振兴经济方案”。面对日益恶化的经济形势，马哈蒂尔首相放弃了由安瓦尔副首相推行的依照国际货币基金组织提高利率、放缓贷款的通货紧缩政策，贯彻经济振兴方案，推行发展性的宏观经济措施和宽松的货币政策。货币政策方面，将法定准备金率由13.5%降至4%，同时要求商业银行1999年对工商业的贷款增长率必须达到8%。除了降低利率外，还取消了对房地产贷款的限制，放宽了购买股票的贷款限额。在1999年度预算案中免征个人所得税一年，并以免征销售税、增加公共假期等方式推动国内旅游消费。9月1日，宣布实施外汇管制，美元兑林吉特汇率被固定在1:3.8。

在免除了国际投机的威胁后，马来西亚政府着手推出一系列刺激经济增长、恢复经济活力的措施：调低利率；提高贷款增长；设立国家资产管理公司收购公司坏账；设立国家资本公司为银行注资；政府出面拯救财务受困的大公司以及选择建筑业、房地产业作为恢复经济活力的突破口；整顿金融领域，推行公司重组和银行合并。上述政策的实施，一定程度上遏制了经济继续恶化的势头，并带来了立竿见影的效果。

1999年，随着全球经济环境好转，马来西亚经济也逐步走上了复苏的道路，该年度GDP增长6.1%。由于经济情况好转，马政府开始谨慎地逐步放宽资金管制。1999年2月15日，政府宣布以撤资税（自即日起一年内撤离的外资须缴30%的盈利税，一年后撤离则缴10%）取代强制扣留外资的措施。

2000年，马来西亚经济在1999年复苏基础上保持了稳定增长势头，各项经济指数基本恢复到金融危机前的水平。2000年10月，马来西亚政府取消了撤资税，但仍保留货币管制措施。这一年，GDP增长为8.5%。

表2-12　第七个五年计划期间（1996—2000年）马来西亚国内生产总值及其平均值（当年价）

| 年份 | 国内生产总值（百万林吉特） | 国民总收入（百万林吉特） | 人均国内生产总值（林吉特） | 人均国民收入（林吉特） |
|---|---|---|---|---|
| 1996 | 253,733 | 241,931 | 11,986 | 11,429 |
| 1997 | 281,795 | 266,699 | 13,006 | 12,310 |
| 1998 | 283,243 | 267,923 | 12,770 | 12,079 |
| 1999 | 300,340 | 279,452 | 13,244 | 12,304 |
| 2000 | 340,706 | 312,152 | 14,645 | 13,418 |

资料来源：Data source: Malaysia Economic Statistics – Time Series 2000。

表2-13　第七个五年计划期间（1996—2000年）马来西亚对外贸易主要数据统计（当年价/百万林吉特）

| 年份 | 国内生产总值 | 出口 | 进口 | 出口净额 |
|---|---|---|---|---|
| 1996 | 253,733 | 197,026.1 | 197,279.8 | –253.7 |
| 1997 | 281,795 | 220,990.4 | 220,935.5 | –54.9 |
| 1998 | 283,243 | 286,563.1 | 228,124.5 | 58,438.6 |
| 1999 | 300,340 | 321,559.5 | 248,476.8 | 73,082.7 |
| 2000 | 340,706 | 373,307.2 | 312,363.6 | 60,943.6 |

资料来源：Data source: Malaysia Economic Statistics – Time Series 2000。

从以上两表所反映的情况看，在马来西亚第七个五年计划期间，国民生产总值、国民收入等经济指数是呈马鞍状发展的。1997年的金融危机造成了巨大冲击，1998年的国民收入和国际贸易都没达到预期的增长幅度，GDP甚至出现了实质性的负增长。不过由于经济振兴计划措施得当，经济增长总体势头还是稳步有升，基本实现了预定的经济目标。

## 第六节　21世纪初（第三个远景规划纲要）时期（2001—2010年）

进入21世纪，随着经济从危机中振兴，马来西亚经济发展也进入了一个新的历史阶段，即马来西亚第三个远景规划纲要（2001—2010年）时期。

马来西亚第三个远景规划纲要（2001—2010年），是实现2020年“宏愿”，使马来西亚成为先进国家的一个综合性的国家发展规划。“纲要”指出：十年内，马来西亚要“发展一个以知识为基础的经济”，要建立“持续性的经济增长”，并实行“加强行业的活力；提倡国内私人界的投资；鼓励外国直接投资；追随谨慎的财政和货币政策；加强银行业；广化和深化资金市场；加强企业组织的监管”等策略。

马来西亚政府制订第三个远景规划纲要时，重视对以前的计划与规划在实施过程中的经验和教训的汲取。比如通过应对金融危机，马来西亚经济界在总结教训的过程中认为：“马来西亚必须继续努力加强经济的基本因素，也就是说，马来西亚需要进一步加强持续成长的本土经济及提高它的竞争力，这不但要减轻外部经济发展的不利压力，同时也要利用现有的机会获取利益；货币和财政政策必须注重提升持续性的经济成长，及保持通货膨胀率在最低点；强劲的经济基本因素必须要有金融界和企业界的鼎力支持；发展资本市场来分散风险及减少依赖银行贷款；强势的企业督管法将会在危机事件中增强持续投资者的信心。”因此，在制定第三个远景规划纲要时，建设“持续性的经济增长”就被置于突出重要的地位。

## 一、“八五”计划目标、措施及成就

马来西亚第三个远景规划纲要期间的10年，包含马来西亚“八五”计划（2001—2005年）和“九五”计划（2006—2010年）两个经济发展阶段。“八五”计划（2001—2005年）主要目标有三个方面：一是从传统经济模式向知识经济转化，增强发展潜力。二是加速农业、制造业及服务业的转型。三是通过公平分配国家财富与收入巩固社会稳定。

为了实现经济模式从传统经济型向知识经济型的转化，马来西亚在“八五”计划中，极其重视新技术产业的发展。例如，纳入优势研究领域（IPRA）的预算资金是10亿林吉特（约合2.63亿美元），这几个领域包括设计和软件技术、精细化工技术、光学技术、纳米技术与精细工程。再如，马来西亚的第八个五年计划强调信息与通讯产业（ICT）在经济发展中发挥提高效率和生产力的战略作用，提出了扩大信息和通讯科技的方针，并把加速完成有关ICT的项目和计划作为重要工作来抓。为实现这个目标，扩大在各部门普及使用信息和通讯科技，提供有利于ICT产业发展的良好环境。

在“八五”计划实施之初，马来西亚经济就面临着巨大的挑战。在东南亚金融危机之后，受美国经济持续放缓和日本经济继续恶化的影响，马来西亚经济复苏势头遇到了阻碍。美国是马来西亚最大的贸易伙伴，对美出口占马来西亚出口总值的21%。但2000年下半年以来，美国经济增长急剧下降，对海外产品尤其是电子产品的需求锐减，这对以电子产品出口为主的马来西亚影响明显。因此，为了应对不利的国际经贸形势，为实现“八五”计划目标赢得良好开端，马来西亚政府于2001年采取了一系列有针对性的经济调控措施：

第一，刺激内需。2001年9月，马来西亚政府宣布将拨款43亿林吉特，推行一项新的振兴经济配套措施，以便在全球经济因美国遭受恐怖分子袭击而出现衰退之际，马来西亚经济能够继续维持增长。这是马来西亚政府继2001年3月宣布拨款30亿林吉特以发展基础建设，避免其经济受全球景气低迷不振所影响之后的另一项经济配套措施。马来西亚政府还陆续拨款，扩充中小企业基金、新企业基金和粮食基金，支持相关产业的发展。继2001年3月取消了信用卡政府税、放宽对公务员购买汽车贷款的限制和外国人购买房地产的限制之后，马来西亚政府5月份又相继出台若干免税政策，如撤销房地产贸易印花税，免除手机与无绳电话机20%的进口税和10%的销售税，免除鞋类进口税等。在10月19日公布的2002年新预算案中，政府决定削减个人所得税1%至2%，降低189种产品的进口税，设在本国的互联网公司所得税由28%减至10%，80多万公务员加薪10%和年终给公务员发半个月工资（最少不低于1,000林吉特）的花红。

第二，在外贸方面，马来西亚政府积极调整出口产品结构，鼓励非电子类产品的出口。

2001年马来西亚的主要出口产品分别为：电子及电器产品（出口额为1,894亿林吉特，占总出口额的56.6%）、化学及化工产品（出口额为144亿林吉特，占总出口额的4.3%）、液化天然气（127亿林吉特，占总出口额的3.8%）、棕油（117亿林吉特，占总出口额的3.5%）、原油（114亿林吉特，占总出口额的3.4%）。

第三，鼓励外商投资。马来西亚财政部已设立一个高层委员会，拟定特别奖励措施，专门处理有意到马来西亚投资特定领域的外资项目，包括投资“多媒体超级走廊计划”、涉及高新知识产权的中小型工业等。2001年上半年流入马来西亚的外资达31亿美元，较近两年同时期有所增加，这显示了外资对马来西亚的信心，肯定了马来西亚稳定的政局及良好的投资环境。

第四，重组金融业。2001年第一季度，马来西亚完成了历时一年多的银行业重组计划，促使54家国内银行合并为10家银行集团。各银行集团充实了资本，精简了机构，节省了开支。同时，马来西亚中央银行要求各商业银行进一步扩充资本。这项充实资本计划原定于2001年年底前完成，但到2001年第一季度末，9家本地银行集团均已达到央行的要求。为了减少危及本地银行生存的呆账，政府成立了国家资产管理公司并在央行内设立了企业债务重组委员会，通过收购和重组债务，使本地银行系统的呆账从1998年8月的674亿林吉特减少到2001年4月末的538亿林吉特。央行还制定新规定，督促各商业银行加大贷款风险管理的力度，控制存、贷款比率。在保险业方面，通过扩充资本，促进业内公司的重组。合并重组证券公司，由原先的64家公司合并为15家。通过扩充资本和合并重组，马来西亚金融业的资本基础趋于稳固，运营效率和竞争力有一定提高。

2005年，在经济全面走高的情况下，为了抑制经济过热和过度通货膨胀，马来西亚央行终止了1998年实施的固定汇率制度，开始提高存款利率。终止林吉特与美元的固定汇率制度，是“八五”计划期间马来西亚经济的一项重大举措。1998年亚洲金融危机时期，为了切断林吉特受狙击的管道，解决汇率波动问题，马政府推出固定汇率的应急措施，将林吉特固定在3.80林吉特兑1美元汇率的水平，从而使当时相当动荡的外汇及股市逐渐稳定下来，当时被认为低估的林吉特汇率也有利出口和吸引外资。但随着经济逐渐复苏和稳定，固定汇率的负面影响也日益明显，因为马来西亚经济对外贸依存度比较大，世界各国，尤其是与马来西亚经济联系较多的国家的货币走势将以不同的形式影响马来西亚对外的竞争力。另外，在固定低估汇率的情况下，马来西亚的进口货价格必然昂贵，通胀压力也随之增大。2005年6月的通胀率达到6年以来的最高点3.2%。因此，2005年7月21日，马来西亚政府终于宣布林吉特与美元脱钩，选择采用可管理的一篮子货币浮动汇率措施。汇率的调整，可以逐渐降低各种进口商品，如食品、原料、配件和器材等商品的成本，进而降低物价，抑制通胀。调整汇率的前几个月，美元对其他货币的走势趋强，林吉特对各主要货币的汇价也随之增值，汇率接近比较合理的水平，加上国家银行在汇市中进行干预，林吉特与美元脱钩后并没有出现人们原来想象的太大的落差。7月新措施宣布后一直到12月，林吉特对美元的交易汇率值仅在3.78~3.79林吉特之间窄幅波动，12月的水平为3.78林吉特兑1美元。

上述措施的施行，促使马来西亚经济向良性方面发展。“八五”计划期间，虽然在初起之年经济发展遇到较大困难，2001年全年GDP和进出口比率都是负增长，但是经过有针对性的调控，从第三季度开始，经济趋于好转。到2002年，马来西亚经济渡过了调整期，各项指标趋于正常，全年GDP增幅达到4.1%。2003年至2005年间，马来西亚经济克服了政府更迭、棕油价格低迷、油价上升、伊拉克战争、SARS、局部禽流感疫情、印度洋大海啸等国内国际不利因素，经济增长率都达到5%以上，总体上呈现快速增长的良好态势。如下表：

表2-14 马来西亚“八五计划”期间（2001—2005年）的主要经济指标

| 经济指标 | 2001 | 2002 | 2003 | 2004 | 2005 |
| --- | --- | --- | --- | --- | --- |
| 国内生产总值（CDP）增长率 | 0.3 | 4.1 | 5.2 | 5.8 | 5.6 |

续表

| 经济指标 | 2001 | 2002 | 2003 | 2004 | 2005 |
|---|---|---|---|---|---|
| 国内资本投资总额（相当于GDP的比率） | 24.0 | 23.6 | 21.8 | 21.5 | 22.8 |
| 物价上涨率（消费者物价指数） | 1.4 | 1.8 | 1.2 | 1.5 | 1.7 |
| 货币供应量（M2）的增长率 | 2.2 | 5.8 | 11.1 | 9.8 | 11.0 |
| 财政收支差额（相当于CDP的比率） | –5.5 | –5.6 | –5.3 | –3.6 | –1.8 |
| 商品出口额增长率 | –10.6 | 6.1 | 12.4 | 8.6 | 7.5 |
| 商品进口额增长率 | –10.3 | 8.1 | 5.4 | 13.5 | 10.0 |
| 国际经常收支差额（相当于GDP的比率） | 8.3 | 7.6 | 13.0 | 7.9 | 6.5 |

资料来源：2004年前的数据引自亚洲开发银行《亚洲发展展望报告》各有关年份的实际数字，2004—2005年数据为《亚洲发展展望报告（2004年）》的预测数据。汪慕恒、刘晓民《金融危机后的马来西亚经济》（《东南亚纵横》2004年第8期）。

在农业方面，“八五”计划期间，马来西亚农业增幅虽然低于国民经济平均增长幅度，但是同以前相比还是发展较快的。棕油和橡胶这两宗产品增幅高于整个农业的平均水平，如2004年农业（占总体经济8.4%）增长了5.0%，其中橡胶生产增长了20.4%、棕榈油生产增长4.0%；2005年农业增长2.1%，其中橡胶增长3.8%、棕榈油增长7.2%。从亚洲金融危机爆发后，马来西亚政府逐渐意识到以电子、矿产出口为主的外向型经济结构的缺陷，开始优化产业结构，重视农业的投入。2003年10月出任马来西亚第五任总理的巴达维一再表示对农业发展的关注，决心将农业领域塑造成继制造业及服务业之后的国家经济增长第三火车头。2004年9月公布的《2005年经济预算案》将农业列为继制造业和服务业后的国家第三大经济成长重点，拨款15亿林吉特推动农业发展计划，鼓励农业领域机械化和自动化，并对有意进行大型现代化高科技的农业投资，提供多项回扣和奖励，如投资蔬菜、水果、药物及深海捕鱼等，以及有关农业现代化与商业化的资本开销都将获100%的免税优惠。

制造业中的电子业虽然在2003年前受国际需求萎缩的影响增长速度趋缓，但由于国际经济的复苏和对电子元件需求的增加，从2003年开始又有较大起色。机电及汽车制造业势头一直强劲，据2002年2月马来西亚汽车协会称，2001年马来西亚的汽车销量同比增长了16%，为39.6万辆，销量及增长率均居东南亚各国之冠。制造业从20世纪60年代后半期以来，一直是马来西亚经济发展的支柱行业之一。“八五”计划期间，制造业占经济总量的30%，依然对国民经济发展做出了巨大贡献。

矿业和采掘业在“八五”期间的发展受国际需求的影响较大，但在国民经济总量中的比重依然不断下降。不过受国际油价上涨的带动，石油开采在采掘业中增长最快，2004年平均日产量达25.58万桶。建筑业也和矿业采掘业一样，增幅低于行业发展的平均水平。

服务业在马来西亚经济总量中的比重越来越大，是提升经济发展的龙头之一。尽管受到SARS、禽流感、印度洋海啸和世界恐怖袭击事件的影响与冲击，“八五”期间服务业依然增长强劲，增长幅度始终高于5%，在国民经济各领域中处于前列。

表2-15 马来西亚“八五计划”期间（2001—2005年）的行业经济指标

| 年份<br>国内生产 | 2001 | | 2002 | | 2003 | | 2004 | | 2005 | |
|---|---|---|---|---|---|---|---|---|---|---|
| 总量与增长率 | 林吉特（百万） | % | 林吉特（百万） | % | 林吉特（百万） | % | 林吉特（百万） | % | 林吉特（百万） | % |
| 国内生产总值 | 210,480 | 0.3 | 219,400 | 4.1 | 232,477 | 5.2 | 245,961 | 5.8 | 259,735 | 5.6 |

续表

| 年份<br>国内生产 | 2001 | | 2002 | | 2003 | | 2004 | | 2005 | |
|---|---|---|---|---|---|---|---|---|---|---|
| 农牧林渔业 | 18,269 | 1.8 | 18,478 | 1.1 | 19,114 | 3.4 | 20,070 | 5.0 | 20,491 | 2.1 |
| 制造业 | 63,536 | −6.2 | 66,805 | 5.1 | 72,470 | 8.5 | 79,572 | 9.8 | 83,471 | 4.9 |
| 矿业与采掘业 | 15,892 | 1.6 | 16,217 | 2.0 | 16,629 | 2.5 | 17,277 | 3.9 | 17,415 | 0.8 |
| 建筑业 | 7,159 | 2.3 | 7,434 | 3.8 | 7,772 | 4.5 | | | | |
| 服务业 | 118,763 | 5.7 | 125,116 | 5.3 | 132,452 | 5.9 | 141,326 | 6.7 | 150,512 | 6.5 |

资料来源：据马来西亚中央银行1997、1998年年报，“马来西亚经济平台”网站http://www.mytrade.com.my/index_MainChiNews.htm。

从上述关于马来西亚“八五”期间经济发展的情况可以看出：马来西亚“八五计划”强调加强经济竞争力和生产力，并朝知识经济迈进，以应对全球化和自由贸易，其总体的经济发展方向是良性的，已经走出了亚洲金融危机影响的阴影。

## 二、“九五”计划成就与措施

表2-16 总体经济情况

| 年度 | 本币国内生产总值（2000年价格） | | 本币国内生产总值（现行价格） | | 美元国内生产总值 | | |
|---|---|---|---|---|---|---|---|
| | 百万林吉特 | 同比实际（%） | 百万林吉特 | 同比实际（%） | 百万美元 | 同比实际（%） | 平均汇率 |
| 2006年 | 572,555 | -- | 726,009 | -- | 190,852 | -- | 3.668 |
| 2007年 | 506,341 | 6.5 | 642,049 | 11.8 | 186,774 | 19.3 | 3.4376 |
| 2008年 | 530,181 | 4.7 | 740,907 | 15.4 | 222,106 | 18.9 | 3.3358 |
| 2009年 | 521,095 | −1.7 | 679,687 | −8.3 | 192,890 | −13.2 | 3.5237 |
| 2010年 | 558,398 | 7.2 | 755,685 | 13.6 | 170,974 | 25.8 | 3.2203 |

续表

| 年度 | 本币国内生产总值（2000年价格） | | | 本币国内生产总值（现行价格） | | 美元国内生产总值 | | |
|---|---|---|---|---|---|---|---|---|
| | 百万林吉特 | | 同比实际（%） | 百万林吉特 | 同比实际（%） | 百万美元 | 同比实际（%） | 平均汇率 |
| 2007年 | 1季度 | 120,555 | 5.7 | 144,884 | 6.6 | 41,408 | -- | 3.4948 |
| | 2季度 | 124,299 | 5.9 | 154,355 | 9.3 | 45,016 | -- | 3.4289 |
| | 3季度 | 129,994 | 6.8 | 165,967 | 11.1 | 47,872 | -- | 3.4669 |
| | 4季度 | 131,493 | 7.5 | 176,842 | 19.6 | 52,666 | -- | 3.3578 |
| 2008年 | 1季度 | 129,762 | 7.6 | 176,341 | 21.7 | 54,668 | 32.0 | 3.2257 |
| | 2季度 | 132,405 | 6.5 | 188,663 | 22.2 | 58,755 | 30.5 | 3.2110 |
| | 3季度 | 136,402 | 4.9 | 198,250 | 19.5 | 59,411 | 24.1 | 3.3369 |
| | 4季度 | 131,611 | 0.1 | 177,652 | 0.5 | 49,954 | –5.1 | 3.5563 |
| 2009年 | 1季度 | 121,660 | –6.2 | 156,658 | –11.2 | 43,189 | –21.0 | 3.6273 |
| | 2季度 | 127,256 | –3.9 | 162,481 | –13.9 | 45,755 | –22.1 | 3.5511 |
| | 3季度 | 134,717 | –1.2 | 174,759 | –11.8 | 49,631 | –16.5 | 3.5212 |
| | 4季度 | 137,463 | 4.4 | 185,790 | 4.6 | 56,994 | 14.1 | 3.2598 |
| 2010年 | 1季度 | 133,890 | 10.1 | 183,364 | 17.0 | 54,462 | 26.1 | 3.3668 |
| | 2季度 | 138,552 | 8.9 | 186,047 | 14.5 | 57,388 | 25.4 | 3.2419 |
| | 3季度 | 141,895 | 5.3 | 191,674 | 9.7 | 59,124 | 19.1 | 3.2854 |
| | 4季度 | 144,061 | 4.8 | 194,600 | | 60,027 | | |

数据来源：马来西亚统计局。

“九五”期间，马来西亚进出口方面也取得了巨大的进展。

**表2–17　2006年以来马来西亚进出口商品总值**

| 年份 | 2006 | 2007 | 2008 | 2009 | 2010 |
|---|---|---|---|---|---|
| 出口 | | | | | |
| 出口总值（百万林吉特） | 589,240 | 604,300 | 663,494 | 553,295 | 639,428 |
| 累计同比（%） | 9.9 | 2.6 | 9.8 | –16.6 | 15.6 |
| 橡胶 | 8,235 | 7,334 | 8,112 | 4,460 | 9,210 |
| 棕榈油 | 22,868 | 34,190 | 49,690 | 38,476 | -- |
| 木材 | 6,594 | 6,265 | 5,896 | 5,141 | 5,348 |
| 原油及凝固油 | 32,589 | 33,526 | 44,088 | 25,572 | 30,765 |

续表

| 年份 | 2006 | 2007 | 2008 | 2009 | 2010 |
|---|---|---|---|---|---|
| 制造业产品 | 455,789 | 455,117 | 464,469 | 411,406 | -- |
| 累计同比（%） | 9.0 | –0.1 | 2.1 | –11.4 | -- |
| 电子电气类产品 | 281,346 | 266,686 | 255,360 | 277,778 | 249,797 |
| 化学化工类产品 | 32,774 | 36,478 | 40,538 | 32,981 | -- |
| 金属制品 | 14,140 | 16,647 | 19,635 | 14,532 | -- |
| 光学科技设备 | 13,588 | 13,626 | 14,944 | 13,095 | -- |
| 进口 | | | | | |
| 进口总值（百万林吉特） | 480,772 | 502,045 | 521,611 | 434,940 | 529,195 |
| 累计同比（%） | 11.1 | 4.4 | 3.9 | –16.6 | 21.6 |
| 消费品 | 27,894 | 28,498 | 32,304 | 31,427 | -- |
| 中间商品 | 335,532 | 359,094 | 379,136 | 297,340 | -- |
| 资本货物 | 65,257 | 67,753 | 69,913 | 65,768 | -- |
| 其他 | 19,170 | 21,539 | 18,428 | 13,345 | -- |
| 再出口商品 | 32,920 | 25,160 | 21,830 | 27,060 | -- |

**表2–18 2006—2009年马来西亚主要贸易伙伴进出口比率及贸易比率**

| 年份 | 2006 | 2007 | 2008 | 2009 |
|---|---|---|---|---|
| 出口国家贸易比率（%） | | | | |
| 美国 | 18.8 | 15.6 | 12.5 | 10.9 |
| 新加坡 | 15.4 | 14.6 | 14.7 | 14.0 |
| 东南亚 | 11.3 | 11.2 | 10.6 | 11.8 |
| 东盟 | 10.7 | 11.0 | 11.1 | 11.8 |
| 日本 | 8.9 | 9.1 | 10.8 | 9.8 |
| 中国 | 7.2 | 8.8 | 9.5 | 12.2 |
| 进口国家贸易比率（%） | | | | |
| 东南亚 | 13.5 | 13.6 | 12.1 | 11.4 |

续表

| 年份 | 2006 | 2007 | 2008 | 2009 |
|---|---|---|---|---|
| 日本 | 13.2 | 13.1 | 12.5 | 12.5 |
| 东盟 | 12.7 | 13.1 | 13.2 | 14.1 |
| 美国 | 12.5 | 10.8 | 10.8 | 11.2 |
| 中国 | 12.1 | 12.9 | 12.8 | 13.9 |
| 新加坡 | 11.7 | 11.5 | 11.0 | 11.1 |
| 贸易价格及贸易比率（指数2000=100） | | | | |
| 出口价格指数 | 113.3 | 114.9 | 122.5 | 117.1 |
| 进口价格指数 | 104.8 | 105.3 | 105.7 | 104.1 |
| 贸易比率 | 108.1 | 109.1 | 114.8 | 112.5 |

在马来西亚第九个五年计划（2006—2010年）中，马提出在未来将继续重点发展：第一，提升已有经济部门的价值，并促进知识型新型行业如信息、生物科学、服务业等发展，鼓励私有部门在经济发展中起主导作用；第二，以人为本，科教兴国，改善义务教育体系，强调人才的全面发展；第三，保证社会经济的可持续发展，致力于各方面的平等和谐发展；第四，提高生活质量，为人们的基本需求如水、能源、居住、交通等提供保障；第五，加强政策执行能力。马政府第九个五年规划针对2006—2010年各项指标也进行了预测。如私人投资以11.2%的速度增长，在亚洲经济危机期间首次超过公有投资；马对外出口以8.5%的速度增长，贸易总期额将首次超过1,000亿林吉特；GDP增长速度达到6.0%。

制造业、服务业、农业，尤其是与电、能源、太空、生物科技、矿产等相关的产业是马来西亚未来发展的重点。为了促进这类产业发展，马政府采取了辅助中小型新兴企业成长、颁布各类优惠政策吸引外来直接投资等政策。同时，马来西亚还致力于发展旅游业，并加强各类交通、医疗基础设施建设；在教育方面，马实施了战略性的行销手段促进了各类教育体制的改进和教育产品的开发；在农业方面，马大力推进“新农业”经济，鼓励利用ICT及生物科技等技术，培育农作物。

## 第七节　经济发展点评

战后马来西亚在发展经济方面总体上是成功的，但也有值得汲取的教训。

### 一、马来西亚经济发展的成功经验

1．制定符合国情的经济发展战略

根据自然资源丰富、农业国、独立前的经济结构单一畸形等国情，马来西亚独立后的历届政府都奉行实现工业化和经济多元化的经济发展战略，并根据国内外的形势变化，不断调整其经济发展的方向。

工业方面：20世纪50年代中期至20世纪60年代，重点发展劳动密集型的进口替代消费品工业，以满足需要，增加积累，解决就业问题；20世纪60年代末至20世纪70年代初，重点发展电子电器业、车辆装配业等以出口为主的劳动密集型加工工业，以解决产品滞销问题，加速资金和外汇积累；从20世纪80年代开始，提出工业升级的要求，开始侧重发展重化工业以便进一步提高工业化水平；1996年开始，建立“多媒体超级走廊”，把信息技术作为今后战略发展的动力。至1999年7月，已有225家公司被批准进入“多媒体超级走廊”。

农业方面：主要是调整内部结构，改变“单一种植制”，实施农业多元化，在不削弱橡胶生产的同时，发展粮食和其他经济作物的生产。

外贸方面：为了扩大出口，政府给重要出口商品提供优惠政策，要求出口商品多样化并不断提高质量。面对因金融危机而引起的经济衰退，马来西亚政府自1998年7月起，结合国情对经济政策进行了重大调整：放弃紧缩银根政策，改用扩张式财政政策复苏经济，有效地使经济稳步恢复。

2. 积极吸引外来投资

历届马来西亚政府都把吸引外资作为推动经济发展的一个重要因素，为此颁布了一系列法规予以鼓励。1958年颁布的《新兴工业法》鼓励外资从过去传统的初级产品生产部门转向新兴工业部门，并给予政策优惠；1968年颁布《投资鼓励法》取代《新兴工业法》，鼓励发展出口导向工业，外资和本国资本一样可以享受新兴工业企业的地位与税收优惠；1971年颁布了《自由贸易区法令》后，该国建立了10多个“自由贸易区”和100多个“工业发展园区”。

用优惠政策吸引大量外资前来兴办出口企业。1986年颁布《投资促进法》取代《投资鼓励法》，该法又规定许多新的优惠措施，从而使马来西亚的外国直接投资从1988年起呈巨额增长的趋势（1988年为7.19亿美元，1989年为16.68亿美元，1991年为39.98亿美元，1995年达80多亿美元）。外资对马来西亚的产业结构优化、出口贸易增长、缓解就业压力、培养人才等方面都起了促进作用。

过去十余年来，马来西亚的经济平均每年增长超过7%，而国内生产总值在1999年比1997年（亚洲金融危机）增长一倍，达到500亿美元。出口和进口也增长四倍，分别达到812亿美元和634亿美元，使马来西亚成为位居全球前20位之内的贸易国之一。马来西亚快速的工业化源自它早期对外来直接投资的开放。马来西亚前首相马哈蒂尔曾说：鼓励外来直接投资的政策已帮助马来西亚获得繁荣。我们仍认为这是一个很好的政策，也将继续推行它。市场导向的经济，加上社会和经济的稳定、受过教育的劳动力及与世界各地的广泛沟通，不仅协助了马来西亚民营企业的繁荣，更鼓励他们在国家发展中成为政府的合伙人。今天，这个商务导向、对商业友善的环境使马来西亚成为发展中国家接收最多外来投资的国家之一。

3．重视基础设施建设

马来西亚政府对基础设施建设相当重视，在国家财力有限的情况下仍然投入较多。1968—1977年的十年间，政府对基础设施的投资为35.62亿林吉特，占同期发展资金的23.68%；1981—1985年对基础设施的计划拨款为87亿林吉特，占同期发展资金预算的22.13%；1994—1995年投资145亿林吉特发展电力，比1991—1993年增加47%。1994年初通车的南北大道投资达60亿林吉特（23.4亿美元），1997年通航的新国际机场投资达30亿美元。从1996年开始，政府决定计划投资26亿美元，在吉隆坡以南30千米处建设一个长50千米、宽15千米的“多媒体超级走廊”，马哈蒂尔于1999年7月8日为这一“硅谷”的核心——芝贝尔贾亚揭幕。一些外商反映，马来西亚的基础设施建设快，是他们前往该国投资的一个重要原因。

4．注重国民教育发展

马来西亚政府充分认识到，要实现现代化必须提高国民的文化素质，使之适应经济发展的需要，因而一直把教育作为优先发展的项目。1991年政府教育经费占预算总开支的6%，高于国防开支。在教育政策上首先发展普通教育，实施小学免费教育，同时大力发展职业教育和高等教育。20世纪60年代初，马来西亚仅有职业技术学校8所，大学1所，到20世纪80年代职业学校增加到了38所，大学增加到7所。据1987年统计，马来西亚受过高等教育的人数已占总劳动力的7.2%，劳动力素质较高，较好地满足了经济发展对人才的需求。

5．努力保持政局稳定

马来西亚是一个多民族、多宗教的国家。马来人占一半，华人占1/3，两者占了全国总人口的80%以上，如何处理好巫（马来）华矛盾，成为民族和睦、国家发展的最大问题。该国吸取了1969年“5·13”事件的惨痛教训，为此而采取了一系列措施：

一是执政党“国阵”（国民阵线）以巫统（马来民族统一机构）为主，联合马华公会（马来西亚华人公会）、印度人国大党（马来西亚印度人国大党）等多党执政，按人口、大选得票等因素分配内阁席位。二是保持民族、宗教、文化的多元性。由十多个民族政党组成的“国阵”长期执政，体现了民族的多元性与合作。伊斯兰教是国教，但允许其他宗教在国内任何地区开展活动，实行信教自由。允许各民族发展自己的文化，认为继承各种文明的精髓，是国家走向现代化的精神资源。如政策允许华人自办学校、出版华文报刊；国家电台、电视台有华语广播。三是允许各反对党的存在。不但允许各反对党批评政府，而且允许有的反对党通过选举在某些州执政。四是制定“2020年宏愿”。以此作为全国的共同奋斗目标，使各族人民方向明确，不为种族问题纠缠。这些措施的实施确保了国内政治经济秩序的良性发展。

## 二、马来西亚经济发展缺陷及政策性失误

1997年7月开始的亚洲金融危机，对马来西亚的影响是相当明显的：1998年的经济负增长高达6%～7%，这不但是该国13

年来出现的首次大衰退，而且在该年东南亚地区出现负增长的国家中次于印度尼西亚、泰国而名列第三。

为什么马来西亚在过去经济能持续高速发展，而经过金融危机冲击经济就迅速衰退？外来投资者兴风作浪是外因，马来西亚经济本身存在的弱点是内因。马来西亚经济存在的问题主要有以下几个方面：

1. 人力资源严重不足

马来西亚独立以后，从20世纪70年代以来，由于经济快速发展，对人力资源的需求很大，但却供不应求。既缺普通工人，也缺工程技术人员、教师、医护人员等。劳动力短缺问题几乎困扰着所有企业，尤其是制造业和服务业。职工不怕被解雇，经常要求增加工资。如要求得不到满足就“跳槽”到其他工资高一些的单位。企业工资成本不断上升，并超过了生产率增长的速度（如1996年生产率增长3.6%，工资却增长近9%）。一些企业为了留住技术人员，不得不实行一些激励措施，如配置工作用车，星期六放假，由企业负责个人保险等等。马来西亚的大学招生人数有限（如全国8所大学每年招生仅2万人），而到国外留学的人数大大超过国内大学每年招生的人数（如1994年在国外留学的马来西亚人约有6万名，约占该国在校大学生总数的1/4）。不少留学生在国外找到工作后就不再回国。马来西亚青年上大学的比例低于一些周边国家。如1993年，正在上大学的20岁至24岁的学生所占的比例，印度尼西亚为11%，泰国为16%，菲律宾为28%，而马来西亚只有7%。由于人力资源不足，马来西亚早在20世纪70年代就从邻国输入外国劳工，到20世纪90年代中期，外国劳工人数高达200万（非法外劳比合法外劳多），已相当于该国总人口的1/10。如此庞大的外劳队伍给马来西亚社会构成越来越大的压力，造成众多的负面影响。从1996年开始，马来西亚政府采取了一系列管制外劳的措施，包括遣送非法外劳回国。

另外，技术人才缺乏问题比较严重，20世纪90年代专门技术人才的缺口达43%，技术工人在整个劳动力中的比例不到3%，每10万人中只有3人在从事科研和开发工作，是发达国家的千分之一，用于科研和开发上的再投资只占国内生产总值的0.5%，是大多数发达国家的1/6。人力资源的相对不足，成为马来西亚经济继续发展的瓶颈，制约了该国经济的发展。

2. 过于依赖外国资本

外商投资在马来西亚经济发展过程中起着很大作用，但是资本流入规模过大，也使得外债负担加重。过分依赖外资对经济增长的推动，本国经济发展就会受资本输出国经济波动的影响，不利于本国经济稳定增长。至20世纪70年代初，马来西亚一些重要的经济部门仍然控制在以英资为首的外资手中。

据该国政府公布的资料，1970年，"西马"股份有限公司的累计投资总额中，外国私人资本占63.3%（不包括居住在马来西亚的外国人的资本）。在下列行业的公司中，外资所占股权为：制造业占60%，银行保险占55%，锡矿占71%，橡胶占78%，批发贸易占70%，海运占90%以上。20世纪80年代中期以后，以美国、日本为首的外国资本大量进入马来西亚，成为该国经济举足轻重的一支力量。外资主要投向制造业领域以及房地产、证券等部门，投入基础产业不多，加剧了经济泡沫，外资一般还选择经济发达地区，这又加剧了区域经济发展的不平衡。

据马来西亚工业发展局的统计，1987—1996年的10年间，外资占该国总投资额的50%~60%。马来西亚的出口商品许多是电子产品（占总出口额的40%左右），而这一领域的大企业大部分是美国和日本等国的跨国公司在马来西亚的子公司。日本三菱汽车工业公司与马来西亚合资建立的普罗通汽车公司生产的小轿车，占马来西亚国内销售额的70%。日本在马来西亚的家电企业（松下、索尼、日立等）的产值，占了马来西亚国民生产总值的30%。西方一家媒体认为“马来西亚人承认他们的经济严重依赖外人”，并引用该国经济研究所一名高级研究员的话说“我们没有外国投资无法生活”[①]。此外，马来西亚还过分依赖美、日等外国市场，其经济受世界市场的价格、需求等方面的影响较大。以上这些都不利于马来西亚经济自主、稳健地发展。

3. 经济发展不平衡

一方面是地区间的经济发展不平衡。经过多年的建设，马来西亚的城乡、种族、区域的经济差别虽然有所缩小，但发展不平衡仍然明显。据马来西亚政府统计，1995年，马来半岛农村的贫困率为14.1%，城市的贫困率为4.1%，相差10%；马来半岛马来族家庭月平均收入为1,289林吉特，印度族为1,735林吉特，华族为2,333林吉特，各族收入差距明显；马来半岛的贫困率为9.1%，沙巴为25.6%，沙捞越为16%。土著仍多数集中在落后的马来半岛东海岸及广大农村。在职业上，土著在第二产业部门所占的比重已接近50%，但大多数人仍从事第一产业，如种稻谷、橡胶及打鱼等。“西马”和“东马”的经济发展差距仍很大。马来西亚政府希望通过经济平衡发展达到社会公正的目标，任重而道远。另一方面是产业结构间的发展不平衡。基础产业相对落后，如农业产品结构单一，工业主要是矿业和面向出口的电子行业。

①美国《华尔街日报》，1994年9月30日。

4．新经济政策的失误

马来西亚于20世纪70年代实行“新经济政策”，将马来西亚人分为土著和非土著，不利于民族的团结。由于这一政策的推行，使当地华人资本家对投资信心不足，造成一个时期内国内投资直线下降，在经济困难情况下，公司利润锐减，企业倒闭，竞争兼并激烈。这导致享有特权的马来人企业与没有特权的非马来人企业矛盾加剧，迫使部分资金外流，其后虽做了部分调整，但造成的损失是难以弥补的。

# 第三章
# 社会文化

## 本章导读

☆本章内容包括马来西亚的语言文字、宗教、教育和新闻出版。在马来西亚，马来语为国语，通用英语，华语使用也较广泛；伊斯兰教为国教，其他宗教有佛教、印度教、基督教等；多元种族铸就了缤纷的礼仪与习俗；形成了以伊斯兰文化为主的璀璨而独特的马来西亚文化。

# 第一节　节日与美食

## 一、节日

马来西亚有许许多多的节日，这些节日反映了这个多民族国家的多元宗教、文化和风俗习惯，富有联邦色彩、多民族色彩及多宗教色彩。除了丰富的节日庆典及宗教仪式外，马来西亚还有繁多的国家节假日和民间活动。政府为了表现对这些不同宗教的包容，将一些民族或宗教的节日定为法定节假日。由于每个州自治性较强，因此不同地区的节假日也各不相同。马来西亚的节假日与其他国家相比有很大的特点。据不完全统计，全国大大小小的节日和庆典约有上百个，其中政府规定性节日约10个。全国性节日除少数有固定日期外，其余的具体日期由政府在前一年统一公布。

马来西亚丰收节

**1月1日**

元旦新年：马来西亚同世界其他国家和地区一样，每逢此时，在公共广场、酒店、餐厅皆有欢乐的庆祝活动。尤其是在吉隆坡的独立广场，所有的狂欢者都聚集在此，参与庆祝新年的活动。

**农历正月初一**

华人新年：节日风俗和中国汉族春节大致相同。这一天是全国公共假日。到处张灯结彩、敲锣打鼓，华人们相互登门，互道“恭喜发财”，其他民族人士也登门祝贺。这一天华人还举行团拜，玩龙舞狮，以驱邪逐妖，迎接新的吉祥年。国家总理和夫人及政府官员亲自前来祝贺，还给舞狮者和儿童发“红包”。人们烧香拜佛，祈求幸福平安。

**1月下旬至2月初**

大宝森节：是印度教徒对印度神穆卢干王（Lord Murugan）也称为苏巴马廉王（Subramanian）举行的奉献礼。每个信徒都戴着枷锁——一种雕工精细的木框，上面有尖刺与钩子、鲜花及水果——向印度神许愿。印度教信徒戴着枷锁，踏上272层台阶，登上吉隆坡的黑风洞。信徒背着枷锁，并且将其放在神明脚前忏悔求恕。

大宝森节最热闹最隆重的庆典节目在黑风洞举行。黑风洞本是一个极大的天然洞穴，虔诚的教徒们在洞内进行了大量的装修和布置，工程量十分巨大。黑风洞内供奉着印度神——姆鲁卡神的巨大雕像，平时香火不断，到了大宝森节更是人山人海。全国的信徒都来到这里参加庆典活动。

信徒的祭祀仪式有很多种，例如：剃头，做法事，用银针刺穿舌头、双颊等。其中最奇特的是用百针穿身（有些还愿的信徒，在大宝森节当天，背后用针钩钩穿，由另一个人硬扯他背后的钩针，一步一步地向前走向印度神的圣庙里。这些针钩最少24个，有时会多达120个），以身体的力量扛起“卡瓦狄”，以表示对神灵的崇敬和对过去的忏悔。“卡瓦狄”是由锡纸和孔雀羽毛做的模型。一个“卡瓦狄”可高达三四米，重20公斤左右。要参与这样一个庄严的庆典，忏悔者必须从1个星期之前就开始准备，严守戒律、禁欲并吃素。在进行背负“卡瓦狄”仪式前，所有忏悔者必须接受寺庙祭司的训诫，并进行24小时的斋戒以便为这崇高的节日净化肉体与灵魂，而他们相信在仪式进行时姆鲁卡神会与他们同在，使他们毫无疼痛的感受。

**伊斯兰教历三月十二日**

圣纪节：先知穆罕默德诞辰日，是伊斯兰教徒的节日。每年这一天首都数十万伊斯兰教徒在最高元首的率领下，前往清真寺举行隆重的祷告仪式，然后举行盛大的游行庆祝活动。

**农历四月十五日**

卫塞节：佛祖释迦牟尼诞辰，也是纪念佛陀成道和圆寂的日子。在这一天清早，所有佛教徒都焚香顶礼膜拜，人人食素，家家户户点起油灯，所以又名“灯节”。

相传太子悉达多即佛祖，在兰田比尼国无忧树（又称娑罗树）下降生时，有九条祥龙为他吐水洗浴，故佛祖降生这一天又称为“浴佛节”。马来西亚政府规定这一天为全国的公共假日，全国各地纷纷举行隆重热烈的庆祝活动。

卫塞节庆祝期间各地区的佛学会会组织举办不同主题的佛学讲座。一些佛教组织还会进行布施活动，利用节日劝请人们积德行善，以自己所拥有的东西，赈济那些孤苦贫困老人及需要帮助的人。布施活动也不仅限于布施金钱，也包括奉献爱心、爱语、智慧，甚至还包括捐献自己的身体器官、血液去拯救别人的举动。

吉隆坡乐圣岭佛学会每年都组织朝山拜愿活动，百余人组成的朝山队伍在清晨六点钟天还未亮时，便由山脚下的圆通寺开始朝山活动。信徒们在法师带领下，抱着“忍受肉体上的痛苦，发愿修行消灾，普及众生”的信念赤着双脚，三步一跪，五步一祈，一直跪拜至乐圣岭上的天后宫。

浴佛是节日期间一项重要的庆典仪式。凡是举办浴佛的地方，都设置有浴佛池，满池清水，周围伴以吐香的鲜花，也有的将香气四溢的花瓣撒于池中，象征佛陀的神童雕像立于池中。在平和悠扬的佛乐声中，虔诚的信徒们口念：“我今灌沐诸如来，净智庄严功德海，五浊众生离尘垢，同证如来净法身。”使用专用的净勺舀池中清水，从神像头顶轻轻洒下。浴佛的目的，其实也是让信徒们借此浴心，返璞归真，找回自己本来的面目，即净化心灵。

此外，庆典活动还包括迎佛花车大游行、背佛像转运、晒佛、各佛寺点亮百盏平安灯、顶礼膜拜、诵经、普佛上供、皈依三宝仪式及弘法会开示等。不仅广大信徒参与这些庆典活动，不少小孩子与青年人也往往一同参与，使他们从小就接受佛教文化的熏陶。不少在政府部门中担任高官的各政党华人领袖及社团领袖也积极参与各项庆典活动，他们认为，发扬宗教容忍精神有利于多元种族与多元宗教的社会和谐融洽。

**7月**

花卉节：历时一周，届时，吉隆坡将成为美丽的花园城市，全市到处百花竞艳。花卉周的高潮是一场千姿百态、百花齐放的大规模花车游行，每年都吸引大批国内外游客前来观光。

**8月31日**

国庆日：又名“独立日”，1957年8月31日是马来亚联邦在英联邦内独立的日子，以后，马来西亚就以独立日为国庆日。

当天全国人民普天同庆，首都举行盛大的庆祝游行活动和文艺演出，学生们可以免费看电影。

**9月**

马来西亚节：马来西亚为期2周的盛大庆祝活动。第一届马来西亚节是在1987年举行的，目的是促进对马来西亚传统文化如手工艺品和美食的欣赏及文化意识的复兴。来宾可参加各种活动，如文化表演、手工艺品制作、品尝13个州的风味美食以及参观拍卖场等。

**伊斯兰教历九月**

开斋节：马来人的春节，是全国最重要的节日。每逢此时，全国穆斯林（主要是马来人）都要实行长达一个月的白天禁食（即斋戒月），然后恢复正常的生活习惯。斋月过后的第一天即为开斋节。节日前夕，穆斯林都要进行捐赠活动，帮助有困难的人、刚皈依伊斯兰教的穆斯林、为了伊斯兰教而欠债的人等。同时，在外地的人都纷纷赶回家乡和亲人团聚。开斋节的早晨，穆斯林们都前往清真寺，举行隆重的祷告仪式。仪式过后，人们互相热烈祝贺，表示把过去的恩恩怨怨全都忘记，一切从头做起。在亲切和睦的气氛中，人们还要相互登门拜访。这一天，家家户户都准备了丰富的糕点招待来访的客人。好客的马来人还特别喜欢其他民族人士前来拜访，把他们的来访看作是十分荣幸的事情。

开斋节是阿拉伯语“尔迪菲图尔”的意译，“尔迪”就是节日的意思，穆斯林将开斋节视为最大的节日，因此将开斋节称为“大尔迪”。据伊斯兰教经典记载，伊斯兰教初创时，穆罕默德在斋月满时，进行沐浴，然后身着洁净的服装，率穆斯林步行到郊外旷野举行会礼，并散发“菲图尔钱”（开斋捐）表示赎罪。这就是节日的来源，后相沿成俗。

斋戒，是伊斯兰教的五功（心有念功、身有礼功、性有斋功、财有课功、命有朝功）之一。伊斯兰教的斋戒，重在信念。我国新疆的一些少数民族称之为“肉孜节”。伊斯兰教规定，9岁以上的女性和12岁以上的男性穆斯林，每年斋月即希吉来历的莱买丹月即九月，都要封斋一个月。在封斋期间每日两餐，大约在日出前1小时和日落后1小时进餐，白天禁止吃喝和性行为。

莱买丹，是阿拉伯语“炎热”的意思，形容封斋的人，通过“炎热”的磨炼，来控制食欲和色欲。据说，真主就是在这个月，将《古兰经》降于邻近的天上，以后23年中，真主派大天仙哲布拉伊把经文陆续从天上降给穆罕默德。因此，斋月是最尊贵的月份，备受穆斯林的重视。

**10月至11月**

屠妖节：是“灯的节日”，又叫“光明节”，印度人的新年。这一天，印度教徒们起得特别早，洗浴之后，全家老少拜着鲜花祭神。印度教庙里挤满了善男信女，妇女们供上槟榔叶、槟榔、香蕉和鲜花，向神明顶礼膜拜、祈求幸福。节日里，人们纷纷点上灯火以庆祝当年降魔伏妖的胜利，屋子里用各种灯光装饰，因此又叫“光明节”，象征着光明战胜黑暗、邪不胜正。节日里家家户户灯火通明、香烟缭绕。

**12月25日**

圣诞节：是基督教徒纪念耶稣诞生的盛大节日，节日习惯和世界各地大致相同，但现在圣诞节成了年轻一辈的节日。

**12月26日**

灾难意识日：2005年马来西亚政府决定设立。选择这一天作为全国“灾难意识日”，是因为马来西亚过去在这一天多次遭受自然灾难的袭击。1996年这一天，东马来西亚的沙巴州遭受强烈热带风暴袭击，有100多人死亡，许多房屋和财产被毁；2004年12月26日，马来西亚北部槟榔屿等州部分地区遭到印度洋海啸袭击，共有60多人死亡。

此外，马来西亚还有五一节、中秋节、联邦日、风筝节、丰收节、槟城国际龙舟节、马六甲嘉年华会、回历新年、巴兰水节等。

## 二、美食天堂

多元的种族造就了多元的饮食文化，且因历经了葡萄牙、荷兰、英国及日本等400多年的殖民统治，马来西亚在饮食文化上呈现出东、西方兼备的格局，有辛辣的马来食品、色香味俱全种类繁多的中餐、南北印度风味美食以及越南与葡萄牙美食等。

马来美食的主要特色是：使用在本土找得到的天然调味配料。椰子、辣椒、柠檬草、酸橙叶和各种香料都是马来食物中基本的调料，一般把它们加入鱼类、肉类或蔬菜里一起烹煮。另外，一种传统的用餐佐料称为三巴辣椒酱（SAMBAL）是采用辣椒、虾酱和一些调味料制作而成的。马来西亚人的主食除米饭外还有桑粑，桑粑是将虾发酵后做成虾酱，拌上辣椒，放在石臼里捣碎，浇上酸橙汁使之略带药味。米饭、桑粑加蔬菜是最基本的饭菜，若再加上洋葱、大蒜、生姜、香料种、小干鱼等，就是比较丰盛的一餐。著名的马来美食有沙爹、椰浆饭、忍当肉、柔佛沙拉、爪哇面、牛尾汤和鸡肉汤等等。

马来人的用餐习惯较为独特：无论是在农村还是在城市，马来人用餐习惯用右手抓饭进食，只有在西式的宴会上或是在高级餐馆用餐时，他们才使用刀叉和匙。马来人用餐也十分讲究卫生和礼节，进餐前必须把手洗干净，在摆放的各种食品和菜肴之间，放着几碗清水专供洗手用。

马来西亚华人以饭食为主，菜肴多是各种不带辣味的肉类和蔬菜。华人的各种面食以变化多端著称。著名的华人美食有肉骨茶、海南鸡饭、瓦煲饭、云吞面、酿豆腐、炒粿条、清汤粉、薄饼、香港点心、槟城辣沙等。

世界上最大碗肉骨茶：马来西亚巴生中华总商会于2008年11月22日晚在巴生市举办首届肉骨茶嘉年华会，推出世界最大碗肉骨茶。这碗肉骨茶由当地5家肉骨茶店用500千克猪肉、450升肉骨茶汤和50千克药材制成，碗口直径182.88厘米，高91.44厘米，已被列入马来西亚纪录大全，并将申报世界吉尼斯纪录。

马来西亚印度美食以辣为主，咖喱是食物的主味。著名的印度美食有扁担饭、印度煎饼和拉茶、香蕉饭、查巴迪、打拜、多屑等。

除了三大民族的美食外，在马来西亚的任何一个城镇、乡村或者小岛上，都可以找到各种风味的特色小吃和点心，其中著名的特色菜有：怡保芽菜鸡、马来辣沙拉，甜点煎蕊，点心马来糕、千层糕、香蕉煎饼，冰品摩摩喳喳等。

马来西亚还盛产各种热带水果，广受欢迎的当地水果包括木瓜、百香果、西瓜和凤梨，此外还有榴莲、山竹、火龙果、桂圆、香蕉、杨桃、包丽、人心果、番石榴、椰色果、杜古、红毛丹、柚子等鲜果。

# 第二节　教育

## 一、教育

马来西亚的教育与多元种族文化有着密不可分的关系，呈现出多民族性。马来西亚各族人民相互交往，互相学习，创造了良好的语言环境，使各族人民都富有语言的才能，能够讲多种语言，这不仅归功于学校教育，也源自家庭和社会。马、华、印各族都有自己独特的文化。

## 二、学制

政府努力塑造以马来文化为基础的国家文化，推行“国民教育政策”，重视马来语的普及教育。华文教育比较普遍，有较完整的华文教育体系。2007年15岁以上人口识字率91.9%，入学率71.5%。全国共有470多家公共图书馆，藏书1,130万册。

马来西亚的正规教育学制，可以简单地概括为6-3-2-2制，即小学6年、初中3年、高中2年和高中后教育2年（亦称中学后教育，即大学预备班），然后，考取大专或大学。

小学学校分为三种。第一是以马来文为主的国民小学，然后还有以华文或泰米尔文为主的国民型小学。而中学则分为两种，即国民中学5年制和以华文为教育体系的华文独立中学6年制。国民中学普遍为5年制，即中一至中五，但有中学预备班与大学先修班。马来西亚现有61所独立中学，每所独中皆分为高、初中等级。

由于马来西亚的文盲率比较高，男性占11%，女性则占

22%，所以马来西亚政府十分重视教育。政府努力扫除文盲，提高适龄儿童入学率，力求提高各民族的教育水平。

此外，马来西亚政府十分关注原住民子女的教育问题。政府的政策是，尽量让原住民子女接受教育，至少达到中学毕业的教育程度。有关原住民的教育工作，由马来西亚教育部负责。由于原住民子女的辍学率相当高，所以在这方面的工作仍然任重道远。

而马来西亚学生的假期，也很特别。学生每年都有4次假期，共84天。除了吉打、吉兰丹和丁加奴3个州稍有些不同外，其余各州均按此规定执行。

马来西亚政府提倡尊师重道，规定每年的5月16日为教师节。

## 三、多元种族的教育

马来西亚政府现行的教育方针和政策，是根据1961年教育法令及1995年12月以来连续颁布的一系列教育法令制定的。其教育方针是培养忠于马来西亚和有团结精神的人，培养有崇高品德、有知识、有技能的人，能够为国家的需要和发展做出贡献的人，同时每个公民都有接受教育的权利。

根据马来西亚政府颁布的《1991年教育法令》，马来西亚实行普及小学和中学的11年义务教育制，采取以国家教育为主，允许私人办学，政府学校与私人学校并存的教育政策。法令规定政府学校的教学语言为马来语，并重视英文教育，列英语为必修课，并在学校中开设伊斯兰宗教课程，为穆斯林学生学习宗教创造条件。

目前，马来西亚有政府开办的学校，有华人社团组织创办并经营的华文学校和印度族人办的泰米尔文学校，这3种教育体系并存，构成了多种族教育的格局。

**占主导地位的政府教育**

无论是小学、中学还是大专及大学，政府教育均占主导地位，绝大部分学生是在政府开办的中小学里读书。政府开办的学校包括国民小学（简称国小）、国民中学（简称国中）以及大专和大学。由政府开办的学校，毕业文凭国家承认。在国民学校里，教学使用的语言为马来语，招收各民族学生。

马来西亚政府学校的教育经费全部由政府拨款，每年的教育经费约占国家财政预算的20%以上。

**华文学校**

为了继承和发扬中华文化，坚持母语教育，马来西亚华人社会由社团组织创办并经营华文学校，包括华文小学、华文独立中学（简称独中）及大专学院。其教育经费一般为自筹资金，资金来源包括华人社团组织及个人捐款、进行筹款和收缴学生学费等。后来政府将华文小学改制为国民型华文小学（简称华小），纳入政府教育体系，分不同情况对待。

在国民型华小和独中学校中，均以华语为教学语言。独中的初中和高中毕业文凭政府不承认，初中和高中毕业生要参加与政府学校同等学力水平的考试，才能获取政府承认的相关文凭。

**泰米尔文学校**

马来西亚的印度族人，为了发展本民族的母语教育，也开办了以泰米尔语为教学语言的泰米尔文小学。这类学校也已纳入政府教育体系，改制为国民型泰米尔文小学，其待遇与同类型的国民型华文小学相似。

## 四、教育固打制

马来西亚在教育领域实施教育固打制。教育固打制，就是马来西亚政府在新经济政策下，制定的一系列对马来族和土著民族实行优惠政策中的一项政策，在其他各个领域都有固打制的规定。为照顾和发展马来民族和土著民族教育，培养马来民族和土著民族人才，政府大学在新生录取名额上采取“配额”分配制，以确保马来族、土著民族学生占有一定比例。具体表现在大学录取新生时，并不纯粹以分数为录取标准，而是每所大学都将录取新生的名额，预先按照各种族人口的比例进行分配，具体比例为：马来族及土著民族学生占60%、华人占30%、印度族及其他民族占10%。

因此，在马来西亚政府开办的大学里，马来族学生占绝大多数。在政府教育固打制政策下，为马来族、土著民族青年提供了接受高等教育的机会，提高了马来族和土著民族教育水平。

## 五、私立教育

1997 年马来西亚政府通过了《私立教育法》，为私立高等教育的发展提供了法律保障。目前在马来西亚有10 所高等公立大学，4 所外国大学分校，652 所私立学院。私立教育机构每年招收的学生有几十万名，为了保障质量，马来西亚教育部成立了私立教育及国家学术鉴定局（LAN），对私立教育机构的课程设置、学费以及师资水平进行监督和调控。

表3–1　马来西亚大学一览表

| | |
|---|---|
| 公立大学 | Universiti Kebangsaan Malaysia（National University of Malaysia）马来西亚国民大学<br>Universiti Malaya（University of Malaya）马来亚大学<br>Universiti Putra Malaysia（Putra University，Malaysia）马来西亚博特拉大学<br>Universiti Sains Malaysia（University of Science, Malaysia）马来西亚理科大学<br>Universiti Utara Malaysia（Northern University of Malaysia）马来西亚北方大学<br>Universiti Teknologi Malaysia 马来西亚理工大学<br>Universiti Malaysia Sabah（University of Malaysia Sabah）马来西亚沙巴大学 |
| 国外高等院校在马来西亚的分校 | The University of Nottingham in Malaysia 诺丁汉大学马来西亚分校<br>Monash University Malaysia 莫那什大学马来西亚分校<br>Curtin University of Technology Sarawak Campus Malaysia 科廷科技大学马来西亚分校<br>Swinburne Sarawak Institute of Technology 斯威本科技大学马来西亚分校<br>Taylor's College（School of Hotel Management）泰莱酒店管理学院<br>Taylor's College 泰莱学院<br>Nilai College 汝莱学院<br>Institut Teknologi Pertama 第一工艺学院<br>SEGI University College 世纪大学学院<br>Systematic College 系统学院<br>College Tafe Seremban Linton College 林登学院<br>Prime College 百育灵学院<br>APIIT Technology Park Malaysia 亚太科技大学 |
| 私立院校 | Kuala Lumpur Infrastructure University College 马来西亚吉隆坡建设大学<br>Limkokwing Institute of Creative Technology 马来西亚林国荣大学 |

续表

| | |
|---|---|
| 私立院校 | Multimedia University 多媒体大学<br>Unity College International 马来西亚联合学院（现更名：马来西亚城市理工大学）<br>Kolej Bandar Utama 万达学院<br>KDU College 伯乐学院<br>Sepang Institute of Technology 学邦国际学院<br>Stamford College 斯坦福学院<br>Sunway College 双威大学学院<br>Binary College 毕纳里学院<br>Help University College 精英大学<br>Institut Putra 王子学院<br>Kalidon College 嘉利敦学院<br>University College Sedaya International 斯特雅国际大学学院<br>International University College of Technology Twintech 双德科技大学学院<br>INTI College 英迪学院<br>INTI International College Penang 英迪国际学院<br>Advance Tertiary College ATC学院<br>Kolej Disted-Stamford 立达—斯坦福学院 |
| 民办大专院校 | Southern College 南方学院<br>Han Chiang College 韩江学院<br>New Era College 新纪元学院 |

## 六、华文教育

马来西亚华文教育在东南亚乃至全世界首屈一指，它是除中国内地、台湾、港澳地区以外唯一拥有小学、中学、大专完整华文教育体系的国家。

马来西亚有华人620多万，约占全国人口的23.6%，祖籍以中国福建、广东和海南为主，日常社交中除使用方言外，华语是他们共同使用的母语。随着中国经济的快速发展和国际地位的不断提高，汉语在全球已成为一种强势语言。为了继承和发扬中华文化，坚持母语教育，马来西亚华人社会，由社团组织创办并经营华文学校，包括华文小学、华文独立中学（简称独中）及大专学院。在国民型华小和独中学校中，均以华语为教学语言。马政府对华文教育态度有所好转。我国积极与马开展教育交流，为马华文教育提供有力的支持，马华文教育有着广阔的前景。

马来西亚华文教育有着悠久的历史：自19世纪初，华文教育以私塾的形式在马来半岛和新加坡出现至今，虽历尽艰辛坎坷，但从未在马中断过。不论是在英国殖民时期、日占期间，还是在独立以后；无论受政府法令和政策的限制，还是受马来民族主义情感的制约，在华人社团和马华人政党的共同努力下，马华文教育至今依然保存完好。

为维护华人学习母语的权利，继承和弘扬中华文化，长期以来，华人社团通过华人政党向政府提出诉求；“董教总”（马华文学校董事联合会总会和马华文学校教师会总会的简称）作为维护和发展马华文教育的主要民间机构，为华教进行了不懈的抗争；华社、华商出钱出力，支持华小和独中的生存与发展。马华文教育能有今天的发展，凝聚了马华各政党和一批经济实力雄厚、热心华文教育的华社有识之士的满腔心血。

目前华文教育在马来西亚已具有良好的基础和相当的规模：据马教育部提供的最新资料，马现有华文小学1,290所，华文独中60所，华文大专院校3所（南方学院、韩江学院、新纪元学院）。除此之外，还有153所国民小学提供交际华文课程，78所国民改制型中学设有华文必修课程，24所寄宿中学向马来学生提供华文课程，16所师范学院开办中小学中文教师培训课程，马来亚大学、博特拉大学、国民大学等国立大学也设有中文系，其中马来亚大学还设有中国问题研究所。全国就读华文学校人数超过20万人，其中华文独中在校学生6万多人。近年来，不仅是华裔子女进华校，一些马来人、印度人的子女也开始到华校读书。目前就读华文独中的马来学生约5,000多人，就读华文小学的非华裔学生近7万人。

华文已成为马新闻媒体的主要语言之一。目前马全国中文报纸杂志几十家，马国家新闻社提供中文资讯服务，国家电视台开设了华文新闻，播放华语影片，Astro卫星电视设有多个华语频道。吉隆坡国际机场不仅在近年开始使用中文投影通告，而且在2010年年初开始用华语广播航班抵离信息。多年来，马华人文化协会、华人作家协会、华文出版社和文艺团体积极开展各项活动。精通中国历史文化的汉学家在马不乏其人。这些传媒、组织和学者对华文的传播和中华文化的发展提供了良好的平台。

此外马政府主张保持各种族文化特色，鼓励各种族交流和融合，学习对方的语言，促进种族和谐，而随着中国经济的发展与强大，中文日益受到世界各国的青睐，为便于在中国寻找更大的商机，吸引更多中国游客来马旅游，马政府对华文的重要性有新的认识，对华文教育的态度也有所松动。目前，马华小的教师工资由政府发放。政府也承诺将改善华小教学设施，培训更多华文师资。2010年5月，马总理巴达维宣布在“九五”计划内，马所有国民小学将开设中文课程。在压倒多数的国民小学引进华文课程，将意味华文进入马主流社会，其意义不同凡响。

不过马华文教育目前也面临一定困难：由于历史和种族的因素，马政府对华文教育仍采取限制政策，华文教育在马来西亚始终是一个十分敏感的课题。在“新经济政策”下，马政府在教育领域实行固打（比例）制，大学在录取新生时不以分数为录取标准，而是按种族比例分配。2002年政府虽将固打制改为绩效制（成绩），但未能改变教育歧视政策，许多品学兼优的华裔子女被国立高等学府拒之门外，难以获得政府奖学金到国外深造。长期以来，马政府不承认独中的文凭，初、高中毕业生必须参加政府学校同等的水平考试，才能获得政府承认的相关文凭，进入高中或大学。此外，马政府至今还不承认中国大学的文凭，给赴华留学生回国就业造成困难，影响了学生到中国留学的积极性。马政府长期致力于推行马来语成为唯一教学媒介语。马政府甚至提出用英语作为数理科教学用语。这些都对华文母语教学产生重大冲击。

马华文教育虽面临政府的限制、华校资金和师资不足等诸多困难，但拥有良好基础的华文教育，在马华人社团和华人政党的重视和支持下，特别是随着我国综合国力的不断提高，随着中马关系的进一步发展，马华文教育仍有很好的发展前景。

## 第三节 新闻出版

马来西亚约有50份报纸，用8种文字出版。主要报纸有：马来文的《马来使者报》、《每日新闻》、《祖国报》，英文的《新海峡时报》、《星报》、《马来邮报》，华文的《南洋商报》、《星洲日报》等。马来西亚国家新闻社（简称马新社）是一个半官方的通讯社。马来西亚广播电台属官办，建于1946年，拥有6个广播网，用马来语、英语、华语和泰米尔语广播。马来西亚之声电台建于1963年，用马来语、华语、阿拉伯语、英语、印尼语、缅甸语、他加禄语和泰语等8种语言对外广播。马来西亚电视台属官办，建于1963年，设有两个频道，用马来语、英语、华语和泰米尔语播放。另外还有拥有四家私营无线电视台的首要媒体集团，旗下包括使用华语的八度空间电视台（8TV）、国民电视（NTV7）以及使用马来语的TV3与TV9。近年开办了ASTRO卫星有线电视频道。

## 马来西亚华文报纸

《南洋商报》（*Nan Yang Siang Pau*）：1962年8月31日由新加坡《南洋商报》驻吉隆坡办事处发展为一家报社，1965年新、马分立后组建独立的公司，但李氏家族仍为主要股东，业务上同新加坡《南洋商报》仍有密切联系。现在是全马最大的一家华文报纸，面向全国，社址吉隆坡，并在槟城、怡保、马六甲、新山设办事处。该报历来声称持“不偏不倚立场”，近年表示要加强马来西亚化，做到“上情下达、下情上达”，“使华裔同胞了解国家和政府的方针，使华族能及时参与国家建设与发展”。每天出32版，还有中马、南马、北马等地区新闻的增版，广告约占二分之一。周日附送一份《南洋周刊》。每天发行10多万份，在华人社会中有相当影响。

《星洲日报》（*Sin Chew Jit Poh*）：1965年8月9日新、马分立后独立出版的全国性报纸，属于星系报业（马来西亚）有限公司。1982年4月该报为沙捞越朝日有限公司收购。此后该报宣称“报道时考虑多元民族社会”，“时刻自我克制和约束”，“扮演上情下达、下情上达角色”，表示要在“党派政治中严守中立”。该报在槟城、怡保、马六甲等地设办事处。每天出40版左右，发行数万份，在华人中的影响仅次于《南洋商报》。

《通报》（*Tong Bao*）：1957年创办于吉隆坡的全国性报纸。原名《马来亚通报》，先后作为二日、三日、四日刊出版，1968年元旦改为日报，并逐步发展为报业集团，拥有几家报纸和刊物。创办人原为周瑞标，多年来一直为其家族所有，1981年被马华公会的下属机构购买，1983年改名为《通报》，并成为马华公会的机关报。该报每天出24版左右，发行数万份。1993年元旦起又改名为《新通报》。

《新明日报》（*Shin Min Daily News*）：1967年3月18日创办于新加坡，3月29日出版吉隆坡版，新、马分立后单独出版，面向全国发行。1977年马华公会的下属机构购买了该报大量股权，1985年6月又被新海峡时报集团收购。目前每日出对开24版，发行数万份，社会新闻较多。每周三随报附送《新明少年》，每周日随报附送《新明周刊》。

《光华日报》（*Kwong Wah Yit Poh*）：1910年12月20日创办于槟城，曾致力于宣传推翻清朝的革命，以后曾为国民党右派戴季陶等控制。抗战期间曾容纳过一些进步记者，著名报人洪丝丝曾担任过该报副刊编辑和总编。1970年该报由商人周明道组建的公司接办，奉行“中庸而灵活的方针”，声称要以“不偏不倚的立场为社会与人民作贡献”。1985年在75周年报庆时一再重申此立场。该报颇为重视有关中国情况的报道，每日出对开32版。

《中国报》（*China Press*）：1946年2月1日创办于吉隆坡。创办人李教武为马华公会元老，二次大战期间曾任盟军上校，战后担任过殖民地政府的交通部长，独立后出任过政府财政部长。1985年11月因亏损巨大停刊。半年后被周瑞标家族接手，1986年7月复刊。每天出对开28版，在全马各地有12个办事处，自称拥有读者40万。

《光明日报》（*Harian Cahaya*）：原《星槟日报》职工与商人合作于1987年12月18日创办。自称要“以中立、无党无派的立场为读者提供快捷中肯的报道”。目前日出对开24版。

以上为西马地区的华文报纸，它们在国内生活中的影响较大。而东马地区的报纸一般以本地新闻为主，国外新闻较少，而且大多转载香港、新加坡和西马大报的材料。

在东马沙捞越的华文日报有:《中华日报》（1945年10月1日创立）、《国际时报》（1968年10月1日创立）、《世界早报》（1976年11月由季刊《世界特报》改名并出日刊）、《沙捞越晚报》（1972年11月8日创办）、《诗华日报》（1952年4月1日创办于诗巫）、《马来西亚日报》（1962年12月17日创办）、《美里日报》（1957年6月8日由周刊改为日报）等。

在东马沙巴州的华文报刊有:《华侨日报》（1936年3月1日创办）、《亚洲日报》（70年代发刊）、《山打根日报》（1960年1月22日创办）、《斗湖日报》（1962年4月7日创刊）、《自由日报》（1968年12月1日创刊）、《沙巴时报》（1963年8月31日创办）、《晨报》（1981年4月8日创刊）等。

## 第四节　璀璨而独特的马来西亚文化

由于多民族的长期共同生活，形成一种多元的文化特色。在马来西亚的国家文化中，伊斯兰教文化是一个重要成分，其他被认为适合的文化也被接纳为国家文化。马来西亚社会的多元特征，表现在节日、服饰、饮食和日常礼仪上。马来西亚人尊重彼此的信仰、文化和宗教节日。不同的服饰使得马来西亚人的生活丰富多彩，而表现在饮食上，各种口味的菜肴一应俱全。

## 一、语言文化

主要有马来语、英语、华语、泰米尔语。马来语是马来西亚的国语和官方用语。英语作为第二语言或通用语言被广泛地使用在行政、工商业、科技教育、服务及媒体等方面。除未受过正规教育的老年人外，马来西亚大部分人都能说马来语和英语。华语和泰米尔语则分别在华人和印度人族群社会中广泛使用，这包括日常生活、学校、商业、娱乐及媒体等。

华语是华人社会的通用语，同时也在华校和一些国民学校、国民型学校的教学中使用。在华人社会，能讲华语的人很多。除了华语以外，一些汉语方言也在不同地区甚为流行。如当地所谓广东话、福建话、客家话、海南话、潮州话等等。广东话在吉隆坡和怡保比较通用，而福建话在新山、槟城和巴生等地区有自己的天地。其他族群也有会使用华语和汉语方言的。在不少地方都能遇到会讲华语的马来人和印度人，或是会讲泰米尔文的华人和马来人，构成了马来西亚的一道独特的语言景观。

## 二、宗教文化

马来西亚是以信仰伊斯兰教为主的国家，伊斯兰教被定为国教。但除了伊斯兰教之外，马来西亚还存在着多种宗教信仰，如佛教、道教、印度教、基督教和天主教等。大体上马来人信奉伊斯兰教，华人信奉佛教和道教，印度人信奉印度教。另外，还有部分华人、欧亚混血人和原住少数民族信仰基督教和天主教。

马来西亚虽然被西方殖民者统治长达400年，西方宗教在这里广泛传播，但并没有形成统一的宗教。马来人、华人和印度人等各民族仍顽强地保留着本民族的宗教、文化及习俗。多元的种族、多元的宗教习俗并存，构成了马来西亚独特的民族宗教形态。

**伊斯兰教**

从7~17世纪，伊斯兰教在东南亚的扩张和传播延绵了1,000年。作为东南亚信奉伊斯兰教的主体——马来人的重要国家，马来西亚宪法规定，所有的马来人都是穆斯林，在全国人口中，穆斯林占将近55%。伊斯兰教在马来西亚有很深的影响。马来人取阿拉伯名字，按伊斯兰教的训言生活。清真寺遍布马来西亚城乡，寺内每天都有信徒作祈祷。星期五是马来西亚的主祷日。在马来西亚，占全国人口一半以上的马来族人都信奉伊斯兰教，伊斯兰教的气息充满了这个国度。不论在城市还是乡村，到处可见伊斯兰风格的建筑。或大或小、或华丽或朴素的清真寺遍布全国。

马来穆斯林一般较虔诚，遵从伊斯兰教的教义，每天都祈祷五次，到麦加朝圣过的人备受尊敬。每到礼拜时间，清真寺的扩音器中就会传出悠扬的诵经声，电视台和广播电台也会传出同样的声音。每到这时就会感受到古老的宗教文化与现代文明的完美融合。

回历九月是斋月，马来人一般情况下均昼禁夜食，只有年老体弱多病、孕妇或外出旅行者可例外。马来人平时一般忌讳用左手，习惯用右手用餐或接受别人的东西。通常男士不主动与女士握手。

清真寺是穆斯林举行宗教仪式的地方，对外开放时，女士须穿长袍及戴头巾，否则将被拒之门外。马来人男女传统礼服分别是：男士为无领上衣，下着长裤，腰围短纱笼，头戴“宋谷”无边帽，脚穿皮鞋。女士礼服也为上衣和纱笼，衣宽如袍，头披单色鲜艳纱巾。马来人男女礼服和便服都有一个共同的特点，即又宽又长，遮手盖脚且色彩鲜艳，图案别致，样式美观。目前打工族为了工作穿着方便，一般穿轻便的西服，只在工余在家或探亲访友或在重大节日时，才穿传统服装。在各种正式场合，男士着装除民族服装或西服外，可穿长袖巴迪衫。巴迪衫是一种蜡染花布做成的长袖上衣，质地薄而凉爽，现已渐渐取代传统的马来礼服，成为马来西亚“国服”。在马来西亚除皇室成员外，一般不穿黄色衣饰。

马来西亚政府重视对青少年的宗教教育。政府规定，所有政府大学和受教育部管辖的私立高等学院都必须把伊斯兰教文明课程列为必修课程，通过课堂向学生灌输坚定的伊斯兰宗教意识。马来人遵守伊斯兰教戒律，不喝酒。大部分马来人还遵守传统的伊斯兰教规定和习惯，在公共场合马来妇女不能露出胳膊和脚部。中小学生在学校里必须穿统一的校服，马来女学生还必须披戴头巾。在马来西亚，每个马来族男子都必须接受割礼仪式。一般在小孩子长到六七岁时，由专门的宗教人士主持进行。

**佛教**

佛教在马来半岛上曾一度盛行，15世纪以后逐渐衰落。19世纪，大批华人的到来使得佛教特别是大乘佛教得以恢复和发展。吉隆坡和华人集中的槟城是马来西亚佛教中心。马来西亚佛教总会设在槟城，该会还办了马来西亚佛学院。

住在马来西亚的华人多信仰佛教和道教。有代表性的佛教寺院有吉隆坡的观音寺，霹雳州的三宝洞、霹雳洞，马六甲的青云寺，槟榔屿的极乐寺、白云寺等。寺院规模多宏伟壮观，大多成为名胜，充分反映了支撑马来西亚经济的华人的社会力量。佛道混合是这些寺院的特征，一个寺院里往往同时供奉着福德正神、玉皇大帝和释迦牟尼、观音菩萨。

**印度教**

印度教在进入马来半岛时，被称为婆罗门教。15世纪，伊斯兰教在马来半岛盛行后，印度教徒大多改信伊斯兰教。现在，信奉印度教的只有印度人，印度教徒实行严格的种姓制度。

住在马来西亚的印度人多为印度南部的泰米尔族，其代表性的宗教是印度教。印度教的特点是一无教祖，二无教会组织，三无至高无上的经典，人们崇拜村镇神、家族神和个人神三种神祇。印度教有许多外人很难理解的地方，比如作为社会基本制度的种姓制度。印度教的终极理想是达到梵我如一，而要达到这种至高的境界需要做瑜伽等种种苦行。印度教崇拜的神有梵天、毗湿奴、湿婆等。

**基督教**

基督教是随着葡萄牙、荷兰、英国的入侵而传入马来西亚的。由于这些国家的殖民者属于不同的教派，他们带来的基督教也有不同的分支，主要是天主教、新教。马来西亚的基督徒多为菲律宾移民、土著少数民族和一部分华人。

**原始宗教**

马来人的原始宗教崇拜的是多种神仙和原始拜物教。现在马来西亚信仰原始宗教的主要是一些土著少数民族。马来西亚的一些少数民族至今还保留着若干原始社会的习俗。例如伊班人、海达雅克人等多个民族，这些民族的族人住在一种很长的浮脚楼里，称作“长屋”。屋子中间是走廊，两侧是住户，长屋长短不一，有的可住几户人家，有的可以住几百户人家。居住的方位、居住的时间、怎样分配都要按照等级层次来划分。每个长屋选举有威望的人当屋长，负责处理长屋内的婚丧嫁娶之事或者裁决纠纷。长屋内还必须有巫师，替族人主持宗教仪式，为病人驱逐魔鬼、医治疾病，是受人尊敬的神的使者。

## 三、传统文化

马来西亚拥有丰富多彩的文化遗产，许多传统的艺术和文化都被各族群努力地保存下来。其中，传统的舞蹈和音乐在表演艺术中占有特殊的地位；每一个民族在各节日庆典中也有特别的文化表演呈献给观众欣赏。

马来西亚的传统舞蹈主要有：Joget、Tarian Lilin、Bharatha Natyam、Bhangra、Sumazau、Datun Julud等；马来西亚的传统游戏与娱乐消遣主要有：Congkak、陀螺、风筝、武术、藤球、元宵特技、大型单面鼓、马来西亚击鼓、大型鼓组重奏、Sepak Manggis、皮影戏等。

### （一）马来西亚传统舞蹈

#### Joget

这是广为流传的一个传统舞蹈，一般在庆典上和社交场合里演出。这种舞蹈不论舞步或音乐都和恰恰舞极为相似。虽然它的节奏较缓慢，动作较优雅，然而基本上这种舞蹈是非常活泼而又富娱乐性的。总而言之，这是一种快乐、简易而适合许多人一起跳的舞蹈，来宾或游客们通常都会受邀加入和舞蹈员一起跳。

#### Tarian Lilin

这是一种优雅的少女舞蹈。舞蹈中的故事说的是一位少女遗失订婚戒指，借着碟子里的烛光，通宵地找寻这枚戒指，直到破晓时分。

#### Bharatha Natyam

古典的印度舞蹈传统上都在庙宇里举行，这类舞蹈被认为是对印度神的敬奉与朝拜，其中一种即是Bharatha Natyam。这种舞蹈在公元3世纪时发源于南印度，演出时必须用上六个舞台，结合了Nritta（纯舞蹈）和 Nritya（表达式舞蹈）的元素。

**Bhangra**

Bhangra 舞是锡克人的典型舞蹈，是为了欢庆丰收而跳的一种舞蹈，结合了舞者的灵巧以及许多舞蹈特技。这种舞跳起来活力十足而又多姿多彩，音乐伴奏混合了民谣以及由铃鼓和击锤等音器所奏出来的音乐。

**Sumazau**

沙巴卡达山杜顺的民族舞蹈。舞蹈进行时排排的男女舞者面对地伸展着双臂，随着六个鼓声的节奏，模仿鸟飞翔的动作。

**Datun Julud**

沙捞越流行的一种舞蹈，象征着一个王子受祝福得到子嗣的快乐。这舞踏后来在沙捞越的肯尼亚部族里流传开来。Sape（一种乐器）奏出舞蹈的节奏，同时还伴随着歌唱和拍手声。

### （二）马来西亚的娱乐消遣

**Congkak**

一种室内双人玩的游戏，深受女性所喜爱。游戏是在一个长形的木块上进行的，木上共有两排凹陷的洞，每排各有八个洞，位于末端的是最大的洞，称为“家”。游戏的目的是看谁先将七颗弹珠把洞给填满，胜利有赖于计算的本领。

**陀螺**

这是一种流行于乡间的游戏，尤其是在东海岸丁加奴和吉兰丹两州丰收的月份。除了小孩子爱玩以外，成人之间也举行严肃的竞赛，所用陀螺可重达5千克。游戏进行时，将绳子捆在陀螺上，而后摔在一个特别的台上让它旋转。之后再将旋转中的陀螺移到一根木棒上，再移至一根竹竿上的金属容器里。谁能让陀螺转得最久，谁就是胜利者。

**风筝**

在东海岸上空飘扬的巨大风筝拥有各种精细复杂的样式，形状大小不一。其中，最常见的是月亮风筝，因其新月形而得名。吉兰丹每年都举办一项重要的风筝竞赛，吸引来自各地的参赛者。风筝打斗是一项广受欢迎的运动，参加者努力将对手风筝的绳索给割断，或将其从空中弄掉下来。风筝的绳索上黏上了玻璃碎粉末，以便风筝拥有“切割的能力”。操纵风筝以及风向的技巧是参赛者取胜的关键。

**武术**

马来武术是马来民族用以自卫的一种武术。这种令人着迷的运动同时也是一种舞蹈，几百年来在马来群岛中一直广为流传。根据回教的教义，参与者能借着马来武术以提高自己灵性上的力量。一般在结婚、国家庆典或是武术竞赛中可以见到。

**藤球**

藤球是马来西亚最受欢迎的一种运动，游戏进行时，双方在一面球网两边把一粒藤球相互踢着。除了手以外，他们可以用身体各部位，包括脚跟、脚底、脚背、臀部、肩膀和头来踢球和顶球，尽可能不让球掉落地面。

**元宵特技**

马来西亚华人在元宵节大游行中表演的一项著名特技，以展现这个民族的英勇。在年尾时于槟城举行的这项节日中，表演者用额头、下巴、下颚和肩膀设法平衡一根巨大的杆子。

**大型单面鼓**

巨大的锣鼓，称为单面鼓，是吉兰丹节庆中常见的演出，尤其是在风筝节和陀螺节期间。100千克的大锣鼓以各种各样的方式击打出富有趣味的韵律。

**击鼓**

在沙捞越，妇女用传统的音乐呈献出现代风格。击鼓是一项音乐性质的表演，一般在重要的节日或庆典上演出。击鼓者坐在布幕后方，击打出具有风格、音调和旋律的节奏，作为歌唱和舞蹈的伴奏。歌曲由少女唱出，舞蹈则为男性所舞。

**大型鼓组重奏**

黄铜或木制的几面鼓所组成的重奏形成了沙巴部落音乐传统的一部分，不同的部族拥有不同的乐器组合。卡达山杜顺使用六面鼓，Bajau部族则使用Kulintangan，一组半球形的铜鼓，来配合鼓的重奏。

Sepak Manggis

这是一种户外游戏，由沙巴勇敢的 Bajau和Iranum族男性所玩。游戏进行时，参与者在一个圆圈内面对着面，企图打击一串悬挂在十公尺高杆子上的花束，内有钱、手巾、食物以及锦旗。

**皮影戏**

皮影戏是吉兰丹州一种传统的戏剧表演，每年五月末吉兰丹Tumpat的风筝节期间于夜晃时举行。皮影戏的玩偶道具是用水牛皮制作，而后撑在细细的竹竿上。演出时玩偶置放在布幕后，而灯光则从玩偶后方打在布幕上，形成所谓的“皮影戏”。说故事者一面手操玩偶，一面配合着音乐讲述Ramayana的传说故事。整出戏剧是由一位说故事者，即Tok Dalang一人导演，有时甚至可以指挥多达45个玩偶。

## 四、华人文化

早在公元前2世纪到公元前1世纪，已有中国人到达马来半岛的南部和婆罗洲北部，随之而来的还有中国的瓷器，刻有汉字的钱币、铁刀、铁钩等器物。唐朝时期，中国与马来半岛、婆罗诸国的海上贸易往来日益增多，更多的商人到马来西亚经商贸易，唐代的一些高僧从海路到印度取经，途经此地都会在马来地区落脚休息。有一些商人、僧侣便侨居在马来半岛。到了马六甲王朝时期，在马六甲已有华人定居并同当地人通婚。

18世纪后期，在英国殖民者入侵马来半岛后，英国人为了开发马来半岛和婆罗洲地区，从中国广东、福建拐骗大量的“契约华工”即“猪仔”来到马来半岛，让华工从事开矿、种植业。19世纪40年代，马来半岛发现丰富的锡矿，又有大批的华工被输入来开采锡矿。作为马来西亚经济支柱的两大产业——锡矿业和橡胶种植业，大都由华工来承担。华人成为开发马来西亚的主力。

随着一批批华人的到来，中国的文化及华人的宗教信仰也被带到马来西亚，在这个热带半岛国家得以传承和发展。

马来西亚的华人多数信奉佛教。佛教文化已渗入广大华人的生活中，成为人们的精神寄托和支柱。各种佛教组织遍布华人社会的各个角落，其中最大的佛教组织是总部设在槟城的马来西亚佛教总会，在全国各地均有其分会组织，著名的节日是卫塞节。除了佛教外，道教也是华人信仰的主要宗教，各种道教组织团体的分布十分广泛和普遍，并成立有马来西亚道教组织联合会，总部设在吉隆坡。各种道教的宗教活动十分活跃，其中影响力最大的是拜天公和九皇爷诞。此外马来西亚华人还信仰德教和其他一些宗教。华人拜神的历史悠久，所拜的神种类也极多，马来西亚遍布着供奉各种神灵的庙宇。这里拜佛祖释迦牟尼、观音、福德正神（即土地神，客家人又称为大伯公）、广泽尊王、妈祖、三山国王、黄老仙师等神，将关老爷供奉在关帝庙，也供奉郑和于三保庙中，此外华人还供奉一种称为“拿督”的当地神。

**巴巴娘惹**

巴巴娘惹是15世纪初期定居在马六甲、印尼和新加坡一带的中国明朝后裔，是中国人和马来人结婚后所生的后代，称为Baba Nyonya，音译为巴巴娘惹，即土生华人的意思。当年郑和率船队下西洋，在经过马六甲时，有一部分随行人员就留在了当地。这些人定居后和当地的马来妇女通婚。马来语中把生下的男性后代就称为“巴巴”，女性后代则称“娘惹”。

另有一部分据说是从中国福建或广东潮汕一带漂洋过海而来的移民，他们大多数是中上层为官的或是殷实的商贾人家，到了马六甲以后没有再返回中国；还有少数是从唐宋时期就在此地定居的华人。巴巴娘惹可谓当世的特殊民族。在今天的马来西亚，一位马来西亚华人娶了一位马来人为妻，他们的儿子也不是巴巴娘惹，而是混血儿。马来西亚华人娶或者嫁任何一位马来人就必须改用阿拉伯姓名并且皈依回教。随着时代与局势演变，巴巴娘惹的子孙逐渐恢复华人的精神面貌。

## 五、服饰文化

马来西亚人的服装既有多民族性，又有共同性，在穿着上追求舒适，充分体现热带国家的风情面貌。不管是男是女，是老是少，他们所穿的服装，不仅款式多，而且花色品种也多种多样。马来西亚人对服饰偏好红色、橙色和其他一些鲜艳的颜色，他们认为黑色属于消极之色。在服装穿着上，既有各民族的特色服装，又拥有各民族共同喜爱的服装，例如巴迪衫。此外，牛仔、T恤也是人们日常生活中司空见惯的装束。这种装束既简单又方便，可以当作上班时的服装，也是下班后休闲的装束。穿上它没有种族之分，也没有阶层之分，况且价格适宜，所以不论是马来人、华人，还是印度族人，都非常喜欢这种装束。

在马来西亚，拖鞋是各阶层人民生活中必不可少的足下用品。过去当地人大多是赤脚而行，如今则都穿鞋子走路，其中为数不少的人穿着拖鞋上街、上班或出远门。

## 六、礼仪与禁忌

马来西亚人以其独有的热情、谦恭、大方、讲究礼节给世界各国留下了深刻的印象。马来西亚的见面礼十分独特：见面的双方互相摩擦一下对方的手心，然后双掌合十，摸一下心窝互致问候。握手时，双手仅仅触摸一下，然后把手放到额前，以表示诚心。通常男士不主动与女士握手。

同马来人握手、打招呼或馈赠礼品，千万不可用左手，因为马来人认为左手最脏，用左手和他们接触，是对他们不敬，犹如某种侮辱。因此见面握手时，一定要用右手。平时接递东西时，也必须用右手而不能随便用左手，用左手便是失礼。在不得不用左手时，一定要说声："对不起。"在马来西亚如果要用手指向某一人、某一方向或其他要指的东西，不可用食指，马来人的习惯做法是：将右手轻握，拇指放在食指上，稍微突出一些。当地的风俗习惯认为，用食指指指点点是不礼貌的，同样道理，也忌用脚来指向他人。马来人忌讳别人触摸其头部，除了教师或宗教仪式外，任何人都不可随意触摸别人的头部。在马来西亚，头被认为是神圣的部位，在亲近儿童时，也不可触摸他的头部，否则会引起不快。

马来人招待客人十分热情，通常用糕点、茶、咖啡和冰水款待客人。客人必须吃一点，以示领受主人的热情和善意。如果客人不吃也不喝，主人则认为是对他或她的不尊敬。马来西亚人不要求客人送礼，如果向主人送一些日常食品如椰子、槟椰、香蕉、糕点、饼干、糖果之类，表示友好情谊，主人也会高兴地收下。

马来人的用餐习惯较为独特，无论是在农村还是在城市，马来人用餐习惯用右手抓饭进食，只有在西式的宴会上或是在高级餐馆用餐时，他们才使用刀叉和匙。一些受西方影响的马来人日常进食也有用刀叉和匙的。吃饭时，客人要细心观察主人的动作，依照主人的样子做，避免做出主人忌讳的动作。马来人用餐十分讲究卫生和礼节，进餐前必须把手洗干净。在摆放的各种食品和菜肴之间，放着几碗清水专供洗手用，即使事先把手洗干净了，在用手取食物前，仍要出于礼貌，把手放在水碗中蘸湿。马来人普遍喜好辣食，禁烟，不饮酒，在正式场合也不敬酒。他们不吃猪肉、死物和动物血液，平时多喝红茶、咖啡等饮料，喜欢嚼槟榔。马来人禁忌的动物是猪和乌龟，但猫在马来西亚却十分受欢迎。和伊斯兰教徒一起用餐时，不要劝酒，更应避免点猪肉做的菜肴。

马来人大多信奉伊斯兰教，少数人信奉佛教和印度教。要参观伊斯兰教堂和庙宇时，必须先取得有关方面的允许。申请通过后，在进入伊斯兰教堂和庙宇前，必须先脱鞋。通常，一些伊斯兰教堂还会为前来参观的女性游客准备长裤和头巾让她们穿戴，以表示尊重其宗教的禁忌。通常如果要在伊斯兰教堂内照相，必须先获得有关当局的允许。

马来人不喜欢别人问自己的年龄。若问年纪，会被视为不礼貌。马来西亚并不禁止一夫多妻制，所以不要随便闲谈他人的家务事。对年长者不能直接称呼“你”，而应称呼“先生”、“夫人”或“女士”。

在中国，人们常常喜欢以“洋娃娃”作为礼物送给对方的小孩，然而马来西亚人却不会接受。马来西亚严禁偶像，偶像一类形状的东西都是不可以膜拜的。因此，“洋娃娃”等外形类似人像的东西，也禁止放在家中当装饰品，否则就是对神的不恭。

## 第五节　马来西亚与世博会

2009年上海世博会马来西亚国家馆公布设计方案及效果图，同时在世博园B区举行开工仪式。

马来西亚馆效果图

2009年正值中马建交35周年，与中国的“和谐社会”、“以人为本”发展理念相似，马来西亚提出了“和谐马来西亚，以人为本，行动为先”的全新理念，以此促进民族团结、国泰安康、和平稳定——马来西亚馆的主题“和谐城市生活，融洽马来西亚”就来源于此，同时也正呼应了上海世博会“城市，让生活更美好”的主题。

占地面积3,000平方米的马来西亚馆，采用可循环利用的油棕、塑胶等材料建筑而成，重点展现马来西亚的独特风情和团结的民族精神。展馆的设计灵感源自马来西亚传统建筑。整个建筑由两个高高翘起的坡屋顶组成，犹如一艘远航而来的“木船”；屋顶尖端的交叉构架是马来西亚本土建筑的特有符号；观光电梯被设计成吉隆坡“双塔”摩天楼形状。参观者不仅可以领略马来西亚槟城、马六甲等世界文化遗产的魅力，体验普通马来西亚家庭的快乐生活，还能欣赏到特色艺术品及其制作过程。

# 第四章
# 政策法规

## 本章导读

☆马来西亚的法律深受西方法律文化思想和各种宗教文化思想的影响，形成了英国普通法和衡平法、土著法、中国习惯法、伊斯兰法、印度法、马来习惯法并存的复杂的法律结构和体系。英国没有成文的宪法，而马来西亚却有成文的联邦宪法及刑法典、刑事诉讼法典等部门法。马来西亚法律体系的最独特之处是有伊斯兰法的存在。近年来，随着马来西亚对外经济贸易的发展，马来西亚的国际民商事活动亦发展迅猛。为此，《马来西亚仲裁条例》应运而生。

# 第一节　马来西亚的法律体系

自1957年8月马来西亚宣布独立以来，马来西亚的宪政制度就已经英国化。不仅如此，与之相适应的法律制度也基本英化，形成了英国普通法和衡平法、土著法、中国习惯法、伊斯兰法、印度法、马来习惯法并存的复杂的法律结构和体系。法律体系，是指由一国现行的全部法律规范按照不同的法律部门分类组合而形成的一个呈体系化的有机联系的统一整体。从内容上看，马来西亚的法律大致可以分为以下几个部门：宪法及其相关法、民商法、经济法、刑法以及诉讼程序法。

## 一、宪法及宪法相关法

马来西亚宪法是国家的根本大法，确认了马来西亚国体制度和政体制度的基本原则，规定了马来西亚的政治制度、国家结构形式、公民的基本权利和义务、国家机关组织活动的基本原则、法律的基本原则和程序等，具有最高的法律效力，是一般立法的基础。这部宪法不是在马来西亚独立后由马来西亚独立制定的，而是在独立前夕，由英国政府和马、华、印联盟以及各州苏丹等各方经多次商谈协议而制定的，因此该法深受英国法的影响。宪法中若干重要原则如责任内阁制、下院多数党领袖组成内阁 、国会两院权力的分配等，均仿效英国的制度。至于在联邦制度方面，如联邦与各州权力的划分，上院议员代表各州而不是代表贵族等，则是受美国宪法的影响。此外，各州的宪法是对联邦宪法的补充。联邦宪法具有最高的法律效力。宪法的表现形式以成文法为主。

马来西亚的联邦宪法由15篇（共181条）和13个附表构成。其主要内容包括：第一篇是关于联邦的州、宗教和法律的规定，明确宣布伊斯兰教为国教，宪法为联邦最高法律。第二篇是关于公民基本权利的规定。第三篇规定了公民资格的取得与丧失。第四篇是关于中央国家机构的规定。第五篇和第六篇是关于各州之间、联邦与各州之间关系的规定。其余各篇是关于财政、选举、司法机构、统治者特权等方面的规定。附表的内容主要有正、副元首的选举资格和选举程序；统治者会议的组成和议事规则；中央与地方职权的具体划分以及各州宪法应增补条款等。

此外，1969年的大选引发了马来西亚历史上规模巨大的一次种族骚乱。这一骚乱导致了政府的更迭。骚乱后上台的拉扎克政府宣布了《紧急状态宣言》，并颁布了《紧急事务法》。《紧急事务法》授权政府在紧急状态下，为了联邦或州的安全、社会公共秩序或公共道德可以利用国家权力机关，采取强制措施镇压骚乱的民众。1981年马哈蒂尔上台之后，除坚持原有的《内部安全法》、《反煽动法》以外，还针对国内形势修改了一系列法令，保障政治安定团结的局面。1981年修改《社团法》，严格限制非政治组织从事政治活动，并授予当局随时宣布任何社团非法的权力。

马来西亚的公务员制度模仿英国的文官制度。在马来西亚，国家机关工作人员不叫“文官”，而叫“公务员”。“公务员”一词比西方国家所使用的“文官”一词所包含的外延更大：既包括在联邦政府、州政府和地方政府各机构、司法部门、铁路部门、教育部门任职的政务官和事务官，也包括警察、现役军官和士兵。但是在政府和其他机构任职的“文职公务员”即文官与军人分属于两个不同的组织管理体系。马来西亚公务员制度规定在宪法第十章“公共服务”中，并有一系列法律、法规将其具体化。主要是《关于公务员纪律的规定》、《关于公务员的任命和晋升的规定》、《关于公务员任职和津贴的规定》、《关于公务员退休的规定》、《关于公务员住房的规定》、《关于公务员工作时间和加班的规定》及《关于公务员医疗保健的规定》等等。马来西亚公务员的招聘采取公开考试、公平竞争、择优录取的办法进行，并实行严格的公务员试用期制度、培训制度、晋升制度、调动制度和纪律约束制度。

## 二、民商法

马来西亚民商法以英国的普通法和衡平法为基础，同时掺杂着伊斯兰法、印度法和土著的、中国的以及印度的各种习惯法。马来西亚没有全国通行的和系统的民法典，而以成文法、判例 、教规和民间规则混合并行。马来西亚的民法概念与英国的概念完全相同，各州的民法尽管也都以英国民法为依据，但在具体的内容上仍然有所不同。这是因为各州对英国法中有关民法的内容均作了修改。而且，每个州适用的英国法也不一样。例如马来州①适用的是1872年《印度合同法》，属于英国法范畴，当时印度适用的法律都是按照英国法的原则制定的，而其他州则适用《英国合同法》。再如马来州的法院在裁决侵权行为案件时经常以英国判例为依据，而西马来西亚则根据1950年的《民法条例》对侵权行为案件的裁决以英国衡平法为准。

由于西马来西亚实施《民法条例》，东马来西亚实施《法规适用条例》，就使得马来西亚的商法几乎与英国的商法完全

①马来州包括柔佛州、吉打州、吉兰丹州、森美兰州、彭亨州、霹雳州、玻璃市州、雪兰莪州、丁加奴州。

一致。尽管马来西亚商法偶然模仿了澳大利亚及新西兰商法而偏离了英国文本，但澳大利亚和新西兰商法都属于英国法模式，而且，马来西亚立法机关又强调马来西亚与英国商法的一致性，所以马来西亚并没有背离英国商法。根据1956年的《民法条例》，发生在马来州或应归马来州审判的一切争议，凡涉及合伙、公司、银行及银行业、委托人及代理人、空运、陆运、海运、海保险、海损、人寿保险及火险的法律，或涉及一般商法时，应适用英国1951年12月1日和1949年12月12日所实施的法律。这就是马来西亚民商法的一个特点，即以某一特定日期在英国实施的英国普通法、衡平法准则为法律依据。

## 三、婚姻家庭法

由于马来西亚的多民族和多元化的社会结构，其婚姻家庭法的主要特点是不同种族和宗教之中，分别使用不同的属人法。而相同的法律关系在不同的种族和宗教之间，对相同角色的权利义务的规定差别很大。在这个领域中，宗教规范和民间世代承袭的习惯发挥着重要作用，其表现形式也是成文法和各种宗教典籍，以及不成文习惯的混合并行。

在马来西亚，调整婚姻家庭关系的法律规范比其他民法规范更带有传统和习惯的色彩，马来西亚华人的婚姻家庭关系受中国习惯法的制约，而马来人则受伊斯兰法和土著习惯法两者混合的家庭法的制约。东马来西亚的土著只受土著法及习惯法的支配。但在法定离婚、认领子女及收养方面又掺进了英国的法律原则。马来西亚一夫一妻制和一夫多妻制并存。根据适用于马来西亚的中国习惯法，华人可娶妻纳妾，而且不论多寡，但婚姻关系是否有效以伊斯兰法为准。

马来人的离婚观是很现代化的，即把离婚看成同结婚一样正常。马来西亚有适用于一夫一妻制婚姻的“离婚条例”，其内容与英国法律相似。马来西亚法院对适用中国法的人承认两种离婚方式：协议离婚和弃绝妻子。前种方式既可登报声明，也可订立离婚契据。弃绝妻子的离婚方式属于传统的中国法，带有浓厚的封建色彩。在波巴特传统法地区，离婚率并不高，因为该地区是母系社会，离婚可能使丈夫在生活上遭受困难。

马来西亚的已婚妇女具有取得、支配动产或不动产的权利。一夫多妻制的各房妻子在处理财产上有同样的权利，在财产关系上属于财产共有关系。穆斯林的已婚妇女必须遵守伊斯兰法或习惯法或特定的法规。因女方犯有通奸、私奔或虐待行为而判决离婚或分居时，高等法院有权为保护丈夫及子女的利益而下令对女方的财产作出处理。这似乎体现了国家干预的原则，与资产阶级的婚姻家庭法律制度有所不同。马来妇女离婚时有权带走她的独立财产，不论是婚前所得还是婚后所得。根据习惯法，住房一般属于女方，已离婚的妻子还有权分享婚姻关系存续期间夫妻共同取得的财产，这符合现代婚姻法律的原则。马来西亚因其婚姻家庭法律渊源的多元化、法律适用的地区性、一夫一妻和一夫多妻的并存、宗教和习惯的混杂使其婚姻家庭法律制度显得特殊、复杂。

## 四、财产继承法

马来西亚关于财产继承的法律主要是1959年的《马来亚联合邦遗嘱条例》和1958年的《无遗嘱继承分配条例》。根据《马来亚联合邦遗嘱条例》，凡21岁以上精神健全的人均可订立遗嘱处分其财产。但伊斯兰教徒不适用上述条例，其遗嘱权受伊斯兰法的约束。《无遗嘱继承分配条例》适用于未立遗嘱而死亡于西马来西亚的任何人，但不适用伊斯兰教徒或定居在马六甲及槟榔屿的印度袄教徒。该两州的袄教徒适用《袄教徒无遗嘱继承条例》。沙巴及沙捞越两州则根据《法规适用条例》适用英国法规。1958年《无遗嘱继承分配条例》是以联合王国1925年的《遗嘱管理法》为蓝本制定的，不过该条例结合本国一夫多妻制的具体情况对英国法的内容进行改造，列入了一夫多妻制家庭中妻妾及子女的继承权。该条例规定，死者的遗产分配给其最近的亲属，但配偶的继承权应首先得到尊重。被继承人遗有一妻或多妻子女时，遗产的二分之一归其妻或各个妻室。女未立遗嘱而死亡时，其财产全部归于丈夫，被继承人的父母和子女无权继承，这一规定与当代大多数国家关于法定继承的规定截然不同。在马来西亚大部分地区，伊斯兰教徒未立遗嘱而死亡时适用伊斯兰法，但各地的伊斯兰法根据当地的习惯又各有不同。被继承的财产系共同财产的，男方死亡后，女方可首先获得遗产的一半。如果不是共同财产，女方可获得三分之一，再加上根据伊斯兰法所应得的份额。马来人收养子女是十分普遍的，但因伊斯兰法不承认收养，被收养人也就不得继承收养人的财产，因此，马来人为了使被收养人能在自己死亡后取得收养人财产，常在生前就把财产赠与被收养的子女。

## 五、合同法

马来西亚成文的合同法制定于1950年，后经1974年修订。总体来说马来西亚合同法集成了英国合同法，主要内容也与英国合同法相似。由于马来西亚属于英美法系国家，其成文的合同法规定的内容并非有关合同制度的全部，关于合同的法律规则尚有相当部分来源于判例。

根据马来西亚1950年合同法的规定，合同是指依法可以执行的协议。协议是指各方之间意思表示达成一致。有效合同成立的两个步骤是要约和对要约的承诺。马来西亚合同法规定，当一个人向他人表示其希望从事某种行为，以便获得他人对该行为的承诺，他的行为被称为要约。要约被对方接受，双方意思表示便达成一致，因此而形成合意。接受要约的行为即为承诺。马来西亚合同法认为受要约人必须以积极的方式作出对要约的接受，否则不能构成有效的承诺。而且承诺必须以某种惯常的合理的方式做出，如果要约规定有特别的接受方式的，受要约人没有按此方式做出承诺，要约人可以要求其按规定的方式做出。如果要约人没有这样做，视为要约人接受承诺。马来西亚合同法认为承诺必须是绝对的，即承诺必须对要约表示完全同意，而不能改变要约中的任何条件。马来西亚合同法在这里遵循了英美法系的镜像原则，即承诺必须像一面镜子一样，反照出要约的内容，不容许丝毫差异，否则即视为反要约。在承诺生效的时间上，马来西亚合同法采用英美法系的邮箱规则，即一项承诺发出时即生效，并且在承诺生效的问题上，要约人与受要约人规定也不相同，对于要约人而言，承诺在送达过程中即生效。

关于要约可以被撤销的几种情形：马来西亚合同法作了如下规定，首先认为要约在另一方的送达通知情形下可以撤销；其次认为要约中规定了承诺期限的，或者没有规定承诺期限，但在一段合理的时间内，一方没有表示接受要约的，可以撤销要约；最后还规定对于受要约人不符合要约条件的、要约人死亡或者有精神障碍的，或者在接受前受要约人知道了要约人死亡或有精神障碍的都可以撤销要约。另外，马来西亚合同法对要约的接受方式没作规定的情况下，认为要约的接受必须是绝对的和没有任何限制的，是以某种符合常规而合理的方式接受，并且规定如果要约规定了接受要约的方式，而受要约人没有按这种方式接受，要约人可以在送达了“接受通知”给他后的一个合理时间内坚持他的要约应以规定的方式接受，而不能以其他方式接受，但是，如果要约人没有这样做，即被视为接受了该“接受通知”。

马来西亚合同法规定立约人在受约人未申请和没有指定时间时，履行承诺要在一个合理的时间内履行。这里的合理时间是根据个案来具体确定的，比如在正常的营业时间内履行就属于合理时间。另外在履行方式上，马来西亚合同法规定任何诺言都要以受约人指定的方式履行。

马来西亚合同法规定如果协议是由于非自由同意而订立的，该协议就是可撤销协议，非自由同意而订立协议的一方有权撤销该合同。所谓非自由同意是指同意是基于受到强制、非正当影响、欺诈或错误陈述而做出。所谓错误陈述是指一方并不是有意欺骗另一方，其实其本人也相信所述情况的真实性，在此情况下，对方由于误信该错误陈述而订立了协议。①

马来西亚合同法还有一些独具特色的规定，首先规定了非道德的协议无效，如果一个协议的标的或它的对价是非道德的，那么该协议无效；规定了限制成年人婚姻自由的协议无效；还规定了任何限制他人从事合法职业、贸易或商业活动等的协议无效。马来西亚合同法更注重对道德的正面弘扬，注重对个人利益的保护，这与马来西亚普遍信奉伊斯兰教有很大关系，因为伊斯兰教很注重人与人，人与其他生物，人与环境之间的道德关系的规范。

---

①张榕、米良：《中国合同法与马来西亚合同法之比较研究》，《云南大学学报》（法学版），2008年第3期。

## 六、公司法

马来西亚的《公司法》是一部很详尽的法典，于1965年颁布，共12篇374条和10份附表。这部《公司法》是根据澳大利亚的《统一公司法》，并对英国有关公司的法律规定予以修改而成的。因此，它既以英国法为基础，又掺进澳大利亚公司法的概念和制度。该公司法把重大职责加在董事及公司的其他官员身上，还规定了债券托管人的重大责任。公司法对于因无力偿付而改组或解散的公司的处理，除基本仿效英国的做法外还采取“官方经营”的做法，使亏损的公司免于破产。对于如何接管濒临倒闭的公司，公司法有详尽的规定。马来西亚公司法的另一个突出特点是引进了澳大利亚公司法中关于“越权行为”的条款。而澳大利亚公司法的这一内容，又是对英国“越权行为”学说的修正，即认为凡超越公司组织章程的行为除特别禁止者外，一概承认其行为为公司的有效行为。马来西亚公司法还对公司的责任（有限、无限和担保责任）、公司的组成、股票的发行和认购、股东的责任、股票的转让、资金的变动、股息、股东大会、董事职责等等作了具体的规定，这些规定基本上与英国公司法雷同。

## 七、破产法

破产法是商品经济社会发展到一定阶段必然出现的法律现象。破产有两重含义：一是指债务人经济拮据，无力清偿全部到期债务的一种事实状态；二是指法律规定由法院审理的破产案件，由有关组织参与清理债权债务关系，分配破产财产，以及当事人在案件审理过程中应当遵循的法定程序。马来西亚于1967年颁布了第360号法令即《马来西亚破产法》，虽然经过几次修改和补充，现仍以第360号法令为主。

破产法的内容从性质上可以分为实体法律规范、程序性法律规范和罚则。实体性法律规范主要有破产原因、破产财产、破产债权、取回权、抵消权、撤销权、破产费用等内容。程序性法律规范主要有破产申请与受理、管辖、破产宣告、债权人会议、破产管理人、破产财产的清理、变价与分配、和解和整顿、破产程序的终结等内容。罚则部分主要规定破产犯罪行为等违法的处罚、债务人的免责与复权等内容。马来西亚的破产法将实体法规范、程序性规范、罚则等内容分编作了规定。

作为英联邦国家的成员，马来西亚法律制度深受英美法系的影响，但马来西亚又结合本国的实际情况，对相关的法律制度作了相应的调整和修改，因此该法带有浓厚的宗教色彩。在附加条款中，该法第121条规定不得针对任何法人、合股商行、社团或正接受司法处理的公司作出接管令。

## 八、经济法

经济法是调整国家对经济管理所发生经济关系的经济法律、法规的总和。马来西亚经济法以英国的普通法和衡平法为基础，同时掺杂着伊斯兰法、印度法和土著的、中国的以及印度的各种习惯法。华人和印度族等外来民族受歧视的情况在马来西亚经济调控法中关于股权、市场准入和交易等领域中表现得非常明显。马来西亚有完备的投资促进法、知识产权保护法、消费者权益保护法和市场调控法。这些经济调控法多数以成文法的形式出现。经历了1987年和1997年两次经济和社会危机冲击的考验，一方面表明了马来西亚政府有着比较强的市场调控能力，至少当时的市场调控法与强力的行政调控手段相互配合，是行之有效的；而从另一个角度看，也说明马来西亚法律滞后于市场变化和其体制上的不足。在涉外的经济法中，马来西亚对外汇和进出口实行管制，对外资的需求和对金融危机的控制是影响外汇管制政策的两大因素。

## 九、投资促进法

1985年的世界经济衰退再度袭击了马来西亚，马来西亚经济出现了严重的衰退。为了扩大出口刺激经济复苏，1986年10月，马来西亚政府制定并颁布了《投资促进法》，以取代1968年的《投资鼓励法》。《投资促进法》规定，凡有助于发展马来西亚的出口工业、促进出口与符合马来西亚经济发展需要的工业企业均可申请"新兴工业企业"的资格并享受各种优惠待遇。1966年《投资促进法》的实施，极大地促进了马来西亚外商投资的积极性，使马来西亚在1988年迎来外商投资高潮。

后来，由于金融危机的影响，马来西亚经济迅速衰退，外商投资随之萎缩。为了应对此次危机，一方面，马来西亚实施财政、金融紧缩政策，以稳定金融与经济形势；另一方面，扩大引进外资，促进经济复苏。1998年2月，马来西亚政府制定了允许非原住民企业包括外资企业收买原住民企业股份的政策，并宣布：1998年7月到2000年12月期间提出投资申请的外资企业，其外资投资比率不受限制，可以100%控股投资，2001年宣布此项规定再延长三年。此外，还规定外资投资的企业增大出口部分的收入可以免征所得税。

金融危机后，虽然马来西亚政府对外商投资政策作了某些调整，但是这种调整是细微的，总的来看保持了以1986年《投资促进法》为主的鼓励外资投资的政策措施。该法制定的基本原则是促进出口，创造就业机会，促进技术转移以及促进地区开发。

1. 关于制造业的优惠措施

（1）新兴工业地位

获得新兴工业地位优惠的公司，可以部分减免所得税，即仅需就其法定所得的30%缴纳所得税。减免税的期限为自国际贸易及工业部部长核定的生产之日起5年以内。

（2）投资税负抵减

核定享有投资税负抵减资格的公司，从投资计划核准之日起5年内，对经核定的资本支出，享受60%的投资税负抵减优惠。

（3）再投资抵减

从事制造业的公司，因经政府核准的扩充计划而产生符合规定的资本支出者，能享受再投资抵减。公司因其他原因而产生资本支出者，能就其资本支出享受60%的再抵减优惠。

2. 特定优惠措施

（1）高科技产业的优惠措施

高科技公司，是指从事新科技研究或者利用新兴科技生产受国家优惠政策鼓励的产品。高科技企业五年内免征所得税，五年内产生的符合规定的资本支出，其60%可享受投资税负抵减。

（2）策略性产业的优惠措施

政府主要规定对具有全国特殊重要性和策略性投资给予策略性产业的优惠措施。特殊重要性一般是指投资数额大或者关系国民经济的重要产业或者部门。策略性投资一般是指对马来西亚经济具有深刻影响的高科技产业。

策略性产业的主要优惠措施是完全免除所得税，免所得税的期限为10年；五年内产生的符合规定的资本产出，全部享受投资税负抵减优惠，用于每一财政年度冲销其法定所得，而且不受任何限制。

（3）对外销的优惠措施

（4）对研究发展的优惠措施

（5）教育训练的优惠措施

（6）产业调整的优惠措施

（7）小型公司的优惠措施

（8）储存、处置有毒性及危险性废弃物的优惠措施

（9）营运总部的优惠措施

此外，为贯彻实施上述基本原则，该法规定了一系列优惠措施。包括对制造业、农业、造林计划、观光旅游业的优惠措施以及基础建设递减、关税保护、直接原料和零部件进口税的减免、进口税的退税等内容。

## 十、知识产权法

马来西亚知识产权法律制度是马来西亚国家法律制度的重要组成部分，是国家经济发展和对外贸易的重要内容。目前，马来西亚已经建立了一个强有力的法律体系来保护知识产权。涉及知识产权的法案，包括1972年《贸易法》、1983年《专利法》、1976年《商标法》、1987年《版权法》、1996年《工业设计法》等一系列法律和法令。1997年5月，国会下议院通过了四项新的立法，使网络空间的知识产权也受到法律保护。新的立法涵盖了有关计算机犯罪、数字化签名等问题。进入21世纪以来，马来西亚知识产权制度在立法、执法与司法领域都出现了一些新的发展。从立法上来看，主要体现在加入国际条约、完善国内立法等方面；在执法上，成立了马来西亚知识产权公司，发布了国家知识产权新政策，同时加大打击盗版的力度；司法方面，成立专门的知识产权法院，同时在版权、专利权、商标权与外观设计等方面也出现了新的判例。

马来西亚的知识产权法律制度从保护范围看比较广泛，不

仅涵盖专利、商标、工业设计、版权，而且涵盖地理标记、集成电路布局设计、植物新品种保护等。从保护措施看，不仅赋予了权利人充分有效的自我保护的手段，而且建立了有效的行政保护制度和司法保护措施。从对外关系看，马来西亚比较重视本国知识产权的保护，也重视国外知识产权在本国的保护。马来西亚于1989年加入世界知识产权组织和《巴黎公约》，是《伯尔尼公约》的成员国，参加签署了由世界贸易组织制定的《与贸易有关的知识产权协议》（TRIPS协议）。经过多次修订，马来西亚知识产权法律制度既符合知识产权的国际标准，又遵守国际标准开展工作，能为本地与国外投资者提供充分的保护。目前，马来西亚正在致力于加入《专利合作条约》和《马德里协定》及其协定书。

**（一）商标法**

现行《马来西亚商标法》于2000年修订，2001年实施，分共15章82条。

1．商标的使用范围和分类

商标是用于或拟用于商品或服务上，以期在贸易中指明商品或服务与权利人之间的联系。《马来西亚商标法》明确规定，在西马来西亚、沙巴和沙捞越地区的个人和企业、组织的有关商标事务适用本法。现行商标分为商品商标和服务商标两种。

2．可注册商标和不可注册商标

可登记商标包括：以特殊字体或特别方式表现个人、公司或商号的名字或名称；申请登记人的签名或一些前辈在商业中的签名；被发明的词句或词语；具有显著性的文字、图形及其组合；其他区别性的商标。

不可注册的商标包括：有可能欺骗大众或引起民众混乱或构成违法的；包含诽谤或攻击内容或不受法院保护的内容的；

有损害民族利益或国家安全的；与马来西亚的驰名商标相同或相近似，由另一所有人要求注册于相同的商品或服务上的；申请在不同的商品或服务上注册后会显示出那些商品与服务和驰名商标所有人相联系，驰名商标所有人的利益有可能会因该使用而受损害的等等。

3．注册商标程序

（1）申请

（2）受理申请

（3）注册

4．权利期限

商标注册自接受申请的公告之日起超过12个月的，不得注册。商标专用权期限及续展期限均为10年，申请续展商标专用权须在期限届满日之前一年内提出。未注册的商标符合特定条件后准予授予他人使用或转移。

此外该法还对商标使用、转让和许可，商标侵权及其处理，对证明商标的保护，对驰名商标和防伪商标的保护作了相关规定。

**（二）版权法**

在版权法方面，1987年马来西亚颁布新版权法，1999年通过版权法修正案，2003年再次修订。现行的版权法共8章61条。版权法的主要内容包括：享有版权的著作的特征、保护范围，以及提供保护的方法，这些规定为拥有版权的著作提供了广泛的保护。马来西亚是《尼泊尔公约》的成员国，经过几次修订，马来西亚已经删去了与《尼泊尔公约》相抵触的规定，扩大了对外国作品的保护范围。现在，外国文学、艺术、音乐作品、录音作品在尼泊尔公约的成员国首版都可以在马来西亚受到保护。

1. 版权的获取条件

在马来西亚，获取版权保护的必备条件共有三项，满足其一即可。（1）产品制作期间或主要部分的制作期间，生产者或制作者应为本国公民或者居民或者依本国法而成立的公司企业；（2）在本国首次公开或在其他任何地区首次公开的30天内；（3）生产或创作于本国。这三项先决条件暗示外国作品在这个国家获得版权保护的难度很大，因为海外投资商很难满足在“本国首次公开”的条件，并且投资商们也很难在30天内决定是否要将此项产品投资于他国。解决的唯一途径只有寻找一个“本国公民或居民或依本国法成立的公司”作为合营者，但现实中，这种做法也是很少见的，投资商们想要获得的是专有权，而不愿与他人分享权益。

2. 对外国作品的保护

考虑到一些重要的发明创造与技术变革通常起源于西方发达国家，对外国作品进行版权保护直接关系到海外投资的引进，马来西亚也规定了解决办法，主要通过国际法与国内立法制约的方式。马来西亚加入了《伯尔尼公约》，并依据该公约对国内法作了相应的调整，还授权总理在特定情形下有特别权力对特定国家的作品给予版权保护或扩大版权法案的适用范围。

3. 许可制度与版权法庭

马来西亚的版权法中规定有许可制度，即在一定的条件下，如为了科研、教学和调查的目的，支付了一定的特许权使用费后，便可获得许可权（即使未经投资者同意），对作品进行复制、编辑、再生产或再创作。版权法庭是马来西亚版权法中很有特色的一个内容。版权法庭的管辖权限是对涉及许可权利的纠纷进行审查、调解与判决。版权法庭有效地解决了盗版侵权与合法许可利用进行的再生产之间的冲突，既维护了投资者的合法权益，也满足了公众的合理需求。

4．版权侵权救济

对于版权侵权，马来西亚有有效的国内法律救济措施，如巨额罚款、没收非法盗版物、监禁及严厉的刑事处罚等，但其中较为有特色的是强制执行措施。强制执行措施是指一定的强制执行机构，被版权法授予权力可以对在公开场所售卖盗版侵权制品人或者对有理由被怀疑以此为目的而拥有盗版侵权制品的任何人施行拘禁，查封有理由被怀疑为用来制造盗版侵权制品的工具及没收侵权制品，更进一步，强制执行机构还可能被授权搜查任何船舶、飞机或居所并且收缴盗版侵权物及用来制造这些物品的设备。马来西亚的强制执行机构，除警署外，还设置了贸易与工业强制委员会作为配合机构以加强强制执行的力度。马来西亚在1990年的版权法修正案中，还扩展了强制执行措施的范围，规定了转移物资登记制度及授权强制执行机构可以查封有理由被怀疑为转移不合理的任何物资以及对相关人员的拘禁等。强制执行措施在新加坡与马来西亚的广泛施行，有力地打击和抑制了商业侵权行为，为马来西亚开创了良好的商业投资局面。

**（三）专利法**

马来西亚于1983年颁布了《专利法》，1993年修订并于1995年8月1日实施。专利分为发明专利和实用创新。现行的马来西亚专利法共15章86条。

1．专利范围和条件

马来西亚专利可以分为发明专利、非发明专利。“发明”意味着发明者在技术领域已经有解答某一个具体问题的思想，或叙述了其产品或过程关系。非发明专利包括“实用新型”，是指能够生产新产品或方法的创新，或对应有产品或方法的改进的创新，并且这种创新具有实用性。对实用创新颁发保护证书，而不是授予专利权。对同一发明不得同时授予专利和实用新型。同一发明是指申请专利或申请实用新型的主题相同。

发明专利要求具有新颖性、创造性和实用性。

2．专利注册程序

（1）申请

（2）受理

（3）审查

（4）专利注册

（5）注册修正

（6）专利查询

3．专利保护期限

发明专利自授权之日起15年内有效，即发明人享有独家制造、使用和销售其发明产品的专利。专利权人如果在专利授权之日起两年届满后想继续享有专利权，应在两年以及之后每一年届满前12个月，缴纳年费。

实用新型自授予之日起5年内有效。实用新型所有人可以在五年期届满前，申请延期以取得第二个五年期，在第二个五年期届满之前可以申请第三个五年期。

此外，该法还对强制许可，专利侵权及其处理作了相关规定。

## 十一、刑法

马来西亚的刑法因为是在英印殖民地法律影响之下制定的，所以，它一方面以印度刑法为基础，另一方面，继承了英国的法制。但是，它却不存在像英国那样的以习惯法处理犯罪的现象，一切都按法律规定办事。

马来西亚现行的《刑事法典》于1976年3月31日在马来西亚全国统一实施，此前分别在海峡殖民地和各州先后实施。马来西亚成文刑法最早制定于1871年，当时在英国殖民地统治者的主导下由海峡殖民地立法会议制定出一部刑法，后经多次修订。马来西亚在刑事法律领域中，除国家制定的法律外，伊斯兰教法的影响广泛而深刻。除国家制定的《刑事法典》外，各州还可以在伊斯兰教务范围内制定刑法规范，甚至可以直接适用《古兰经》某些条文。由于各州都对涉及伊斯兰教务范围内的刑罚拥有一定的立法权，而且各州对相同的违法行为模式规定的处罚标准亦不一致，因此导致了伊斯兰教法规不同义的情况较为普遍。

马来西亚的《刑事法典》共23章511条，分为总论和分论两部分。在总论部分，第一章是导言。第二章是一般性解析，对该法典中的一些名词进行了定义和解释。如错误获得是指：凡以非法手段获得在法律上不属于他的财物；错误损失是指：凡因非法手段失去在法律上属于他的财物；犯罪是指：可在本法典下施以处罚之行为；等等。第三章规定了对犯罪的处罚。第四章规定了一般性的例外，从年龄、心智、醉酒程度和自卫等方面对犯罪作了例外规定。如第82条规定10岁以下儿童所实施的行为不承担刑事责任；第83条规定一名10岁以上12岁以下的儿童，其理解力尚未达至成熟去判断其当时所为之行为的性质和后果者，其所实施的行为不构成犯罪等等。第五章是关于教唆犯与共同犯罪的规定。在分论部分，第六章至第二十三章规定了有关反国家、破坏公共安全、破坏公共秩序、宗教、人身和财务的犯罪，以及有关商业、经济和婚姻方面的犯罪。

马来西亚是一个伊斯兰国家，特别注重社会风尚，因此《刑事法典》第377条规定了违反自然之犯罪与破坏传统之犯罪，将他国认为是道德范畴的内容纳入到刑事法律规范，显示出马来西亚国家的伊斯兰特征。该法典自制定以来，根据社会发展状况，不断修改与更新。对预防和惩罚犯罪，威慑不良分子，维护国家和社会的稳定与繁荣发挥了积极作用。

## 十二、诉讼程序法

诉讼程序法是调整因诉讼活动而产生的社会关系的法律规范的总和。诉讼程序法主要有民事诉讼法和刑事诉讼法。

## 十三、民事诉讼

民事诉讼是指当事人之间因民事权益矛盾或者经济利益冲突，向法院提起诉讼，法院立案受理，在双方当事人和其他诉讼参与人的参加下，经法院审理和解决民事案件和法律规定由法院审理的特殊案件的活动，以及这些诉讼活动中所产生的法律关系的总和。也就是在人身和经济的合法权益受到侵害时，当事人通过打民事官司，达到制裁民事违法行为，保护自己的合法权益的目的。案件经审判程序并最终通过判决解决。审判形式包括两种：一种是由法官主持的审判；另一种是由陪审团参加的审判。马来西亚的法院体系包括初级法院和高级法院。有初审管辖权的民事法院有：头等法院、地方法院、治安法院、高等法院、上诉法院和联邦法院以及特别法庭。这些法院的民事管辖权范围和审理案件的权限受《联邦宪法》、1964年《法庭审判条例》、1948年《下级法院条例》以及1967年《劳资关系法》制约。

民事案件的启动由法庭工作人员发出传票开始，传票一旦签发，便进入送达阶段。传票必须由工作人员亲自送达每个被告人，把传票复印件交到被告人手中，或根据被告的地址以先付邮资的回复挂号信寄给被告人。应被送达人的要求，可以把已加盖印章的传票出示给他看。如果被告由律师代理，律师须在送达的传票上背书，说明其被告已经收到传票。从背书之日起，传票便正式被视为已经送达被告人。传票必须在其注明的开庭日14天之前送达被告。此外，若由于某种原因不能将传票送达或预付邮资的挂号信函寄送传票被退回，可由法院在当地报纸上以广告的形式发出替代送达令，替代送达令一旦发出，就会要求相关程序将传票登在当地报纸上，或寄到被告留下的最后地址，以通知被告人。当事人收到传票之后，应按传票里的内容向律师咨询，并制定出可行的对策。当被告对民事诉讼请求所付的全部或部分责任存有异议时，可采取反诉的行动。如果双方当事人在听证日均没有出庭，法庭将会不带任何偏见地对案件做出判决。若原告出庭，被告未出庭，法院将做出以下判决：一是如果被告没有提出反诉，根据证词就原告提出的诉讼请求做出判决；二是如果被告提出反诉，驳回反诉并责令其支付诉讼费用。若被告出庭，原告未出庭，法院将做出如下判决：一是如果被告没有提出反诉，驳回诉讼并责令其支付诉讼费用；二是如果被告提出反诉，就被告的反诉状作出判决。当判决赔付的一方不执行判决并支付法院诉讼费用时，获得有利判决的一方可申请法院强制执行。除非得到法院许可，判决的强制执行期限为从判决之日起六年以内，超过六年以上则不再执行。

## 十四、刑事诉讼

刑事诉讼是指审判机关、检察机关和侦查机关在当事人以及诉讼参与人的参加下，依照法定程序解决被追诉者刑事责任问题的诉讼活动。马来西亚联邦议会制定了一部成文的刑事诉讼法典。2002年1月出版的第15版刑事诉讼法典共44章444条，系统地规定了刑事诉讼程序。其中包括侦查、逮捕、羁押、搜查、提起诉讼、初审程序、上诉审程序、特殊程序、保释等。

刑事诉讼中侦查的目的是寻求对某犯罪嫌疑人提起刑事控诉是否存在可成立的理由。经侦查具有可成立的理由的，应对该被侦查人提起刑事控诉，不存在可成立理由的，则不得提起刑事控诉。有权进行侦查的官员有警察、缉毒官员、反贪机构的官员和海关官员。侦查官有权进行逮捕、羁押、搜查、询问。

依据马来西亚刑事诉讼法典的有关规定，刑事诉讼的提起有以下几种情形。

1. 裁判官审理

由裁判官审理而提起诉讼的，又有下列各种情形：

（1）裁判官接到控诉书后进行审理的；

（2）裁判官亲自得知或怀疑一个罪行后已经实施而审理的；

（3）检察官得知一个罪行已经实施，并以其手中的命令要求裁判官询问此罪行，裁判官接到该命令而审理的；

（4）对未经控诉的在押犯，只要该裁判官有权受理，就可以进行审理的。

法典还规定在裁判官亲自得知或怀疑罪行已经实施而审理的情形下，被告人有权要求其他裁判官主持庭审，而非由原主持审理的裁判官主持庭审。

2. 检察官提起诉讼

依据刑法典的相关规定，法院对有些罪行的案件的审理必须以检察官的控诉书为前提，而有些罪行的案件，则须依据检察官的先前核准。

3. 被害人提起诉讼

依据刑法典的相关规定，有些罪行可由犯罪被害人或检察官提起诉讼。

4. 丈夫提起诉讼

依据刑法典相关规定，对于某些案件，法院必须依据妇女的丈夫呈交的控诉书才能审理案件。

对巡回法庭、裁判法院和裁判官作出的裁决，一般可向高等法院上诉。但裁判官判处的罚金在25林吉特以下的判决，被告人不得上诉。裁判官依据被告人有罪答辩作出的判决，被告人对定罪部分不得上诉，但对量刑可以上诉。裁判官判处无罪的判决，被告人不得上诉，但检察官可以上诉。

高等法院的特别程序是指刑事诉讼法典第三十六章规定的受理人身保护令申请的程序，刑事诉讼法典第365条规定，某人依据1992年引渡至马来西亚并被关押在监狱要求自由的人，或者主张被不合法不正当关押在马来西亚公设或私设的监狱要求自由的人，以及任何依逮捕令被关押的被告，向高等法院申请人身保护令的，高等法院应以特别程序作出决定。

保释是指在确保安全的情况下担保提前释放被告或上诉人，被告或上诉人应在约定的时间出庭。如果被告被保释，担保人必须担保被告在规定的时间出庭。保释分为担保保释、无担保保释、有担保但无保释金的保释和有担保和保释金的保释。

## 第二节　马来西亚的国际仲裁

国际仲裁是指一国仲裁机构对在法律关系上具有涉外因素的纷争所进行的仲裁，一般表现为一方为本国主体，另一方为外国主体，或者双方均为外国主体，或者双方均为本国主体，但客观或内容涉及外国。国际仲裁包括国际公法仲裁，但是主要指国际商事仲裁。

随着亚洲经济贸易与投资的迅速发展，仲裁作为解决国际商事纠纷的一种方式，不失为最佳选择。与其他争议解决方式相比，仲裁具有当事人意思自治、一裁终局、保密性、可以在国际上得到承认和执行等优点。与之相适应，国际商事仲裁具有平息利益冲突、修复受损秩序、促进多边合作、形成制度安排等功能。关于仲裁制度，马来西亚制定了详细的法律规范并建立了相应的仲裁机构。尽管马来西亚已采用联合国为协调各国仲裁规范而制定的《国际商事仲裁法》（UNCITRAL示范法），但是，作为一个亚洲国家，马来西亚的仲裁法仍保留着自己明显的特征。

## 一、仲裁机构

### （一）国际商事仲裁中心

1978年，亚非法律咨询委员会（AALCC）通过决议，在马来西亚吉隆坡建立一个地区仲裁中心，以期在亚太地区建立一个一体化解决争端的体系。该中心系非营利组织，由马来西亚政府提供资金组建，并保证不受政府的干预，尽管其大部分资金来源于马来西亚政府，但是，该中心直接向亚非法律咨询委员会报告并对亚非法律咨询委员会秘书长负责。

### （二）国际仲裁规则

1. 马来西亚的仲裁法是在1952年制定并经1972年和1980年修订过的《仲裁条例》。为使在马来西亚的仲裁少受审判监督的影响，以便能吸引更多的涉外案件到马来西亚仲裁中心来，1980年对《仲裁条例》第34节做了修改，以便使该条例更能适用于那些受《国际商事仲裁法》的UNCITRAL仲裁规则、仲裁中心规则以及解决游资争端的国际公约规范的国际仲裁（根据仲裁规则，依法该中心规则解决的争议将依照UNCITRAL的仲裁规则解决，除某些修改之外）。因此，此类国际仲裁将在马来西亚进行，而且不受马来西亚地方法院的监督。

2. 1990年，马来西亚高等法院做出一个判例，即明确维持在仲裁中心规则下仲裁的案件不受法院监督的原则。

3. 尽管由该中心规则规范的仲裁实际上将受《国际商事仲裁法》的仲裁规则的约束，但是，马来西亚似乎不准备采用UNCITRAL示范法。

## 二、仲裁制度

### （一）概述

马来西亚的仲裁制度是依据1952年的《仲裁法》和1980年的《法院条令》第69条修订的。1952年的《仲裁法》是以1950年英国的《仲裁法》为蓝本制定而成的。在马来西亚法律体系中存在着两种仲裁体制：一是根据1952年《仲裁法》第34条而设立的仲裁制度，它不受法庭的干预；二是该法令中其他用于仲裁的条款。

### （二）仲裁协议

1. 根据《仲裁条例》，仲裁协议是指当事人就仲裁争议的解决达成的协议，或当事人依据特定法律关系而形成的约定性或非约定性协议。

2. 仲裁协议的形式。仲裁协议可以是仲裁合同的形式或独立合同的形式。仲裁协议必须是书面的，包括当事人签署的文件、交换副本或其他提供协议的记录等。

3. 仲裁协议的有效性。《仲裁条例》第2节给仲裁协议作出的定义为："将现在或将来的纠纷呈送仲裁的书面协议。"只要仲裁意图明确，采用正式合同，或者互换信函，或者电话，或者其他当事人之间的文件等形式均可构成。

4. 中止诉讼程序。如果一份有效的仲裁协议的一方对仲裁协议另一方提起法律诉讼，高等法院在查明缺乏充足的理由解释的情况下，根据1953年的《仲裁条例》第6节，法院有权命令中止诉讼程序。

5. 仲裁条款的意思自治：在《仲裁条例》第34节不适用于仲裁的情形中，仲裁员无裁决主合同有效的权利。因为，对协议的解释包括了法律问题。对在该条例第22节下的“确定事实”程序，法庭必须参考相关的资料。在适用第34节并依照仲裁中心规则进行的国际仲裁中，UNCITRAL仲裁规则第21条（2）允许仲裁员决定包括仲裁条款在内的合同的成立或有效性，仲裁条款被视为独立于其他合同条款之外，因此，仲裁庭做出合同无效的决定并不意味着这仲裁条款的无效。

## 三、仲裁员的任命及其回避范围

### （一）仲裁员的任命

《仲裁条例》对仲裁员人数没有特定要求，但是第8节规定，如果协议对制定形式未作约定，则应视为指定一名仲裁员；第10节规定，如果指定两名仲裁员，则被视为在所指定的两名仲裁员中可任选一名仲裁员。

吉隆坡仲裁中心规则规定如果当事人对仲裁员人数未取得一致意见（一名或三名），则应指定三名仲裁员。根据UNCITRAL仲裁规则第6条的规定，允许各当事人选择他们的仲裁员。如果当事人未作出选择，则由当事人选择的指定机构指定仲裁员。在没有指定机构的情况下，中心有权从其国际仲裁员名单中指定仲裁员。

### （二）仲裁员回避的范围

仲裁员存在以下情形时当事人可要求其回避：

1. 被提议为仲裁员的人与当事人可能存在某种关系，这种关系有可能会影响到裁决的公正和独立；

2. 当事人认为仲裁人不具有适当的资格；

3. 当事人可以拒绝另一方当事人指定的仲裁人，或另一方参与任命的仲裁人。

**（三）仲裁员的异议、更换或免职**

仲裁员可以由于过错、欺诈或者不适当延误而提出异议。

1. 仲裁员的行为不端。《仲裁条例》第24（1）节规定，如果仲裁员渎职或对程序处置不当，高等法院可以对仲裁员免职。该情形包括，不采用自然争议原则，明显偏见或缺乏公正性，以及与平等和良心的一般原则相悖的非常行为。

2. 欺诈。《仲裁条例》第25（2）节规定，如果争议涉及一方当事人是否犯有欺诈行为，高等法院有权决定亲自审理该争端而不由仲裁来解决。

3. 仲裁员不当延误。《仲裁条例》第14（3）节规定，如果仲裁员未能采取尽可能合理措施及时做出裁决，则高等法院可以将其免职。

4. 根据吉隆坡仲裁中心规则，由指定机构决定对仲裁员的异议。如果对仲裁员的公正和独立性存有疑义，该仲裁员可能会被提出异议。UNCITRAL仲裁规则第10条规定，指定方可以基于在指定之后才变得明显的理由对仲裁员提出质疑。《示范法》第11及12条规定了对仲裁员提出任何异议的程序。

## 四、仲裁程序的法律适用

**（一）仲裁程序**

1. 在马来西亚当事人对仲裁程序的自治原则获得普遍承认。当事人在仲裁协议中可自由决定仲裁所适用的程序法。在其他法律没有作出专门规定的情况下，《仲裁条例》第13（1）节赋予法院对仲裁程序相当宽的自由决定权。与此同时，《马来西亚仲裁条例》第13（6）节还授予法院干预仲裁程序的权力，诸如命令或询问证人，提取文件等。

根据仲裁中心规则（UNCITRAL仲裁规则第15条），仲裁庭可以以其认为适当的方式进行仲裁，只要当事人受到同等待遇并给予当事人充分的机会陈述案情。该规则对提出口头及书面证据作了专门规定。

2. 仲裁审理。仲裁庭应提出证据，举行口头审理或口头辩论，除非当事人已经约定不举行审理，否则，仲裁庭应将重要的听审和会谈通知当事人，目的是检查动产、勘验财产或文据审理。当事人提供给仲裁庭的所有陈述、文据和其他信息应告知另一方当事人。最后，仲裁庭根据专家或证明文件做出裁决，并传达给双方当事人。

3. 仲裁程序的终止。在最后仲裁做出后仲裁程序即告终止或者由仲裁庭法院根据规定命令终止。遇有以下情形仲裁法院将终止仲裁程序：

第一，原告撤诉，除非被告反对撤诉而仲裁法庭亦尊重被告在最终解决纠纷中的合法权益；

第二，双方同意终止仲裁程序或由于任何其他原因仲裁法庭认为没有继续仲裁的必要或可能。

仲裁法庭的授权随仲裁程序的终止而结束，除非有明确的法律规定，任何一方的死亡都不会终止仲裁程序的执行或仲裁法庭的权力。

**（二）实体争端**

在国内仲裁中，仲裁员必须根据法律规则做出裁决，而不是按照良心公平原则或友好协商方式做出决定。在国际仲裁中，如果当事人不同意使用于该案的法律，仲裁员将根据英国普通法原则以决定法律适用。

如果仲裁是依据吉隆坡仲裁中心的规则进行，那么根据UNCITRAL仲裁规则第33条要求，仲裁员应适用由当事人选定的适用于争端的法律。如果该法律未经确定，则仲裁庭应适用由有关冲突法规则所决定的法律。只有在当事人特别授权仲裁庭依照良心和公平原则或依友好协商行事的情况下，仲裁庭才能做出决定。如果当事人已经选定一种法律作为解决纠纷的法律依据，该法律必须经由友好协商方式做出决定，而且，第33条还要求仲裁庭根据相关的合同条款及有关的贸易术语审理案件。

### （三）临时保全措施

《仲裁条例》容许仲裁员颁布命令以保护或临时扣押，或者，如果标的物在一方当事人控制之下，拍卖任何标的物。当标的物不为当事人所控制时，可以要求法院颁布这种命令。

吉隆坡仲裁中心规则规定，如果仲裁员认为必要，可以对争议标的物采取任何临时保护措施（UNCITRAL仲裁规则第26条）。第26条还特别规定，临时保护措施的命令不得与仲裁协议不相一致或者被解释成放弃协议。

## 五、仲裁裁决

### （一）和解

在仲裁过程中，如果双方能够对纠纷达成和解，仲裁法庭将结束仲裁程序。如果双方要求而仲裁法庭亦不反对，可将双方一致同意的和解条件以裁决的形式进行记录。双方达成条件时所作的裁决应按第33条之规定制定并说明其裁决性质。在上述情况下，所制定的裁决具有同等法律地位和效力。

### （二）裁决的形式和内容

裁决应以书面的形式并经过仲裁人签字认可后方可生效。

1. 在一名以上仲裁人员的仲裁过程中，即使由于某种原因而遗漏了少数人员签字，仲裁法庭多数成员的签字足以使该裁决生效。

2. 每项裁决均要说明其是基于何种原因确立的，除非双方一致同意不愿说明原因，或者裁决是根据第32节拟定并以双方达成条件为基础而做出的。

3. 根据第22节的规定，每项裁决均要写明仲裁日期和地点，并确定裁决地点无误。

4. 做出裁决后，仲裁员应按要求在裁决书上签字并将裁决书交给另一方当事人。

5. 除非仲裁协议另有规定，仲裁法庭可以判决支付裁决所付的任何款项的利息，该利息从裁决做出之日起计算至真正执行完为止，并且可以决定其利率。

### （三）裁决或补充裁决的更正与解释

1. 任何一方在收到裁决后的3日以内，除非双方对时间期限另有约定者外，在通知另一方的同时，可以要求仲裁法庭更正裁决中出现的任何计算错误、印刷错误或其他类似性质的错误。

2. 在通知或同意另一方观点的同时，可以要求仲裁法庭对裁决的某个要点或某个部分做出解释。

3. 如果仲裁法庭认为，根据上述第1小节规定所提出的要求公平合理，其将会在收到要求后30日以内对错误给予更正并做出相应的解释，这种解释将构成裁决的一个组成部分。

4. 仲裁法庭可以在裁决做出后的30日内对上述第1小节中的错误类型主动进行修正。

5. 除非双方另有约定，任何一方在收到裁决30日内并通知另一方后均可请求仲裁庭就仲裁过程中所忽略的赔偿问题增加补充裁决。

6. 如果仲裁庭认为，第5小节的要求公平合理，仲裁庭在收到请求60日内应做出补充裁决。

7. 如果仲裁庭认为有必要，可以延长仲裁的期限以便对裁决进行更正、解释或做出补充裁决。

## 六、仲裁裁决的执行

### （一）执行裁决

1985年，马来西亚加入1968年《纽约公约》并制定了相应的法规以执行该公约。因此，该公约成员国所做出的裁决均可在马来西亚获得执行。根据《相互执行外国仲裁法》的规定，英联邦国家所做出的裁决亦可在马来西亚得到执行。相比之下，《仲裁法》在关于缺乏国际条约或公约可使用情况下如何执行外国裁决未作出明确规定。

1. 向高等法院提交书面申请。由国内仲裁机构做出的裁决或外国提出的裁决，符合本条款或第39条者，被认定为具有约束力，并且应该按照裁决或诉讼的判决予以强制执行。

2. 依据子条款1所做出的申请。申请人应提交充分可靠的原始裁决书或充分且合格的裁决书复印件，以及原始的裁决协议或充分且合格的协议复印件。

3. 当裁决或仲裁协议不是采用马来西亚国家语言或英语时，申请人必须提供一份充分且合格的裁决书或协议的文件译本。

4. 就本条例而言，“外国”是指一个国家，其作为一方应符合联合国国际贸易仲裁大会所采纳的《外国仲裁裁决认可和强制执行公约》的要求。

### （二）对仲裁裁决的异议

《仲裁法》和吉隆坡仲裁中心的仲裁规则均未规定对仲裁裁决的上诉问题。在按《仲裁法》而非吉隆坡仲裁中心的仲裁规则做出的裁决中，如果发现存在明显错误，仲裁裁决后又发现新的证据，仲裁裁决不明确或难以理解或不清楚，法院拥有将仲裁裁决发回给原仲裁员重新审核的决定权。

### （三）驳回仲裁裁决

在仲裁员裁判错误，仲裁过程中出现错误，或非法取得仲裁裁决的情况下，高等法院有权撤销仲裁裁决。此外，高等法院还有权撤销下列仲裁裁决：

1. 案件材料表面上存在事实或法律错误；
2. 仲裁员越权做出裁决；
3. 仲裁裁决是根据无效的合同做出的；
4. 因不正当行为导致裁决不公；
5. 违反公共政策。

## 七、仲裁的费用和支出

1. 除非仲裁各方另有协议，仲裁庭对仲裁的费用和支出应有决定权。仲裁庭可以决定由哪一方支付这些费用，以及裁决应该支付给律师和委托人的总费用。当这些费用和开销的金额在被要求的30日内未做出认定时，任何一方均可以向高等法院提出申请，要求得到已由仲裁庭裁决须由一方支付的费用和开销；或各方有责任支付其自身的法律费用和其他开销，以及仲裁庭的同样份额的费用和开销；还有与仲裁有关的但未做出裁决或因附加裁决而需要另外确定和分配的仲裁费用和开销。

2. 除非仲裁双方另有协议，当一方向另一方提议要求解决争议或部分争议的报价时，如果报价未被接受，并且仲裁庭的裁决亦不比该报价更有利于另一方，仲裁庭在确定和分配仲裁费用和开销时，可以根据有过报价的事实，对从报价提出至裁决被做出这一时期内发生的费用和开销进行裁定。在得到其费用和开销的支付前，若仲裁庭拒绝发表裁决，高等法院可以命令仲裁法庭以高等法院认为合适的条件发表其裁决。

# 第五章 投资指南

## 本章导读

☆根据世界银行2008年9月公布的《全球商业调查报告》显示，马来西亚在全球181个经济体中，排名第20位。从2010年起，中马绝大多数产品的正常关税降为零；马来西亚的外汇体系相对开放，外国投资者可以自由地撤回投资或汇回利润；但在签证和外商持股比例方面限制较严。马来西亚政府鼓励外国投资进入其出口导向型的生产企业和高科技领域，但存在较高的技术和服务贸易壁垒。

# 第一节 投资环境

## 一、宽松的国际环境

马来西亚是君主立宪联邦制国家，多个党派长期联合执政，政治局势稳定，经济发展迅速。马来西亚绝大多数人信奉伊斯兰教，一向奉行中立、不结盟和大国平衡政策，担任过伊斯兰会议组织主席国和不结盟运动主席国；与邻国的关系友好而务实，主张以东盟为外交基石积极推进东亚合作；作为英联邦成员，马来西亚与其他英联邦成员国交往十分频繁；重视与发展中国家和伊斯兰世界的团结与合作，同时也不排斥英美等发达国家。在处理国际热点和敏感问题上，马来西亚表现出伊斯兰国家少有的理智和豁达。目前，马来西亚温和伊斯兰国家形象已声名远扬。无论是西方还是中东，无论是发达国家还是发展中国家均友好面对马来西亚。这种国际大环境为马来西亚举办各类国际展会提供了极好的平台。

## 二、特有的地位优势

马来西亚是东盟第二贸易大国，对外贸易稳定增长。在全球最大贸易国排名中，马来西亚居第20位，是印度最大的东盟贸易国，也是中国第二大东盟贸易国。同时，东盟自由贸易区（AFTA）、“10+1”、“10+3”、东盟东部增长区等经贸合作机制的建立，为整合该区域的资源，促进区域内贸易和投资，加快该地区的经济发展起到了巨大的推动作用。

在地理位置上，马来西亚是东盟的门户，处于东盟国家的战略中心地位。东盟这个拥有5亿多人口的经济体，在经历了1997年亚洲经济风暴之后，经济社会已全面复苏，经济增长明显加快。为了尽快发展本国经济，东盟各国都在积极寻求和创造经贸合作的机会。这就为投资马来西亚提供了很多机遇。

## 三、多元文化和语言

马来西亚人口2,600多万，是一个多种族、多元文化和多元语言的国家。三大民族中，马来人68.7%，华人23.2%，印度人6.9%，还有为数不多的巴基斯坦人、印尼人等（马统计局2010年数据）。这样的民族结构使得马来西亚不但在文化和价值观念上是中西合璧的大舞台，语言上更是民族融合的典型代表。英国的殖民统治使英语在马来西亚社会生活中占据着很重要的位置。作为官方语言之一，英文是工商教育界的普遍交流工具，也是各民族之间交流的桥梁性语言。英语的广泛应用扫除了与欧美国家交流的语言障碍；马来西亚的国语马来语，是各类学校开设的启蒙语言，在各民族之间广泛使用，这就为周边使用马来语国家的参会参展创造了良好条件；占1/4的华人在日常生活中还广泛使用汉语普通话，同时，中国南方的广东话、福建话、潮州话、海南话等方言也极为流行，使中国人倍感亲切，中国已成为马来西亚各类投资的重要参与国。

## 四、相对完善的基础设施

马来西亚拥有发达的交通网络，公路、铁路、机场、港口、码头分布合理，并拥有先进而完善的配套设施，交通优势十分明显。

公路：2003年全国公路总长75,893千米。截至2005年底，注册交通工具1,480万辆。马来西亚的公路四通八达，从纵贯马来半岛西半部的高速公路，到各种长、短距离的路线，形成良好的道路交通网，为投资发展创造了良好的交通运输条件。

铁路：2003年总长2,267千米，主要贯穿马来半岛。吉隆坡是马来西亚的铁路运输中心，纵贯马来半岛的铁路可以直达曼谷和新加坡。

水运：内河运输不发达，海运80%以上依赖外航。共有各类船只1,008艘，其中100吨位以上的注册商船508艘，注册总吨位175.5万吨；远洋船只50艘。共有19个港口。近年来大力发展远洋运输和港口建设，主要航运公司为马来西亚国际船务公司，主要港口有巴生、槟城、关丹、新山、古晋和纳闽等。其中以巴生港最为有名。巴生港口处于世界最繁忙的商业船运路线——马六甲海峡的战略要位，是马来西亚最大规模及主要的装卸港口，每年可处理的集装箱量为600万标准箱。

空运：民航主要由马来西亚航空公司经营，有飞机110余架，辟有航线113条，其中80条为国际航线。1996年11月，第二家航空公司——亚洲航空公司投入运营。全国共有机场37个，其中有5个国际机场：吉隆坡国际机场、槟城、浮罗交怡、哥打基纳巴卢和古晋。目前，已有39个国家国际航空公司共95条国际航线通往马来西亚境内。马来西亚吉隆坡国际机场在2003年国际航空业协会（IATA）和国际飞机场委员会（ACI）对全球30个机场展开的调查报告中，被评为全世界三大最佳机场之一。

## 五、美丽的自然环境

马来西亚是典型的热带风光国家，拥有众多岛屿、沙滩、洞穴、古老建筑和优美花园等旅游景点。众人所瞩目的曾为世界第一高的双峰塔、风格独特的新行政中心Putar Jaya、亚洲最大的云顶娱乐城等吸引着众多商务游客。旅游业是马政府第二大外汇来源，仅次于制造业，是国家第三大经济支柱。主要旅游点有：吉隆坡、云顶、槟城、马六甲、浮罗交怡岛、刁曼岛、热浪岛、邦咯岛等。马来西亚已成为国际重要旅游目的国之一。目前，马来西亚旅游部积极推动的“马来西亚——亚洲魅力所在”活动，已经形成了一股推动商务旅游和投资的新动力。2000年以来，到马旅游的人数每年都超过1,000万人次。2010年马政府取消了进口关税，更加刺激了马旅游业的发展，预计比往年增长30%。

总体来看，马来西亚投资环境的竞争优势体现在五个方面：地理位置优越，位于东南亚核心地带，可成为进入东盟市场和前往中东澳新的桥梁；经济基础稳固，经济增长前景较好；原材料产品资源丰富，人力资源素质较高；工资成本较低，没有最低工资限制；民族关系比较融洽，三大种族和谐相处，政治动荡风险较低。根据世界银行2008年9月公布的《全球商业调查报告》显示，马来西亚在全球181个经济体中，排名第20位。

## 第二节　投资机遇

### 一、吸引外资的基本政策及管理部门

马来西亚政府鼓励外资投资于出口导向型产业，以此带动其国家经济发展。马来西亚目前尚无类似我国的《外商投资产业指导目录》等规定，且鼓励外商投资的行业及项目同时也对国内企业和个人开放，但在有些领域因维护马来土著利益，对外资在股权比例、董事会成员构成等方面有限定。

马来西亚目前没有一个专门的政府机构对外商投资进行全面统一管理，其主管部门因行业而异。马来西亚国际贸易及工业部（MITI）及其下属的马来西亚工业发展局（MIDA）负责制造业的吸引外资工作，其他行业和领域由马来西亚外资委员会（Malaysia Foreign Investment Committee，简称 FIC）及有关部委负责管理，FIC只负责审批外资的持股比例，而有关部委则负责其他相关事宜。如涉及金融、保险行业的外资，由FIC和财政部、国家银行主管；涉及交通运输行业的外资，由FIC和交通部主管；农业吸收外资由马农业部负责管理；旅游业由马文化旅游部管理等。但有关马来西亚吸引外资政策的重大调整，由马政府内阁集体讨论决定。

## 二、管理机构简介

马来西亚外经贸管理归于国际贸易和工业部（MITI），贸工部除了部内10个司局外，还管理6个独立的执行局（工业发展局、对外贸易发展局、国家生产力局、工业发展融资局、技术发展局和中小企业发展局），其中对外贸易发展局（MATRADE）是马外贸出口的促进机构，工业发展局（MIDA）负责对马制造业外国直接投资的审批和管理。下面主要就上述三个部门简介如下：

1. 国际贸易和工业部（Ministry of International Trade and Industry, MITI）

机构设置：贸工部设部长、副部长、政务次长、秘书长各1名，秘书长下有2位副秘书长，分管贸易及工业。贸工部下设10个司，分别是双边经贸关系司，多边经贸关系司，东盟经济合作司，贸易支持司，政策研究司，工业司，工业政策司，地区经济合作司，人事、财务、信息司及资料中心。贸工部人员约有600人。

职能：负责制定投资、工业发展和对外贸易计划及制定和执行有关的政策；负责拟定工业发展的战略和政策；负责双边和多边贸易、合作的促进工作；负责计划、协调和控制中、小型工业的发展；负责促进和提升私人界和土著的管理和经营能力；保证国家从制造业中获取最大利益。

日常具体事务：发放某些商品的进出口许可证；负责出口到普惠制国家产品的审核及发放许可证；负责纺织品出口配额的分配；为获“新兴工业地位”的投资企业颁发生产准证及“新兴工业地位”证书；审批投资项目、延长税务优惠期限；负责总投资250万马币以上、雇工人数75人以上的外国投资项目的审批。

贸工部在国内7个州设有办事处，这7个州分别是：槟州、彭亨、柔佛、吉兰丹、霹雳、沙捞越、沙巴。在国外10个使馆内有贸工部派驻机构，这10个国家是：美国、英国、瑞士、比利时、奥地利、日本、新加坡、印尼、菲律宾、泰国。

2. 马来西亚对外贸易发展局（Malaysian External Trade Development Corporation, MATRADE）

马来西亚对外贸易发展局是马来西亚政府为推动马对外贸易的发展而设立的主要机构，该局于1993年3月1日正式成立。

职能：（1）促进和推动马来西亚制成品和半制成品的对外出口；（2）为马来西亚产品出口提供相关服务；（3）提高马产品在国际市场的出口竞争力；（4）保障马出口产品利益；（5）为马出口产品提供国际市场信息及市场营销策略。

日常具体事务：（1）整理马出口商数据库，为国外进口商提供便利；（2）通过马对外贸易发展局及其海外办事处，向外商提供咨询；（3）为国外贸易团组、商人与马出口商提供会晤、洽谈机会，如组织会议、安排外商参观工厂等；（4）组织马出口商赴海外促销；（5）参与组织在马举办的国际贸易展览会；（6）管理马来西亚出口展览中心。

机构设置：设局长1名，由贸工部长委派。下设6个处：公司管理处、贸易信息处、出口促进亚非处、出口促进欧美处、出口服务处、信息交流处。人员有200左右。MATRADE在海外设有22个办事处，分别是：美国（2个）、智利、巴西、德国、英国、意大利、俄罗斯、法国、荷兰、澳大利亚、新加坡、日本、韩国、越南、中国内地、中国香港、中国台湾、沙特、阿联酋、南非、肯尼亚。

3．马来西亚工业发展局（Malaysian Industrial Development Authority, MIDA）

马来西亚工业发展局是马来西亚政府为促进工业发展而设立的主要机构。它是在1965年联邦工业发展局法令下设立的，于1967年开始操作。

职能：（1）进行工业计划可行性的研究；（2）在马来西亚和海外进行工业促进工作；（3）为有关的工业发展机构之间提供资讯交流和协调；（4）推荐工业用地的发展政策和在认为适当的时候进行工业用地的发展；（5）向国际贸易和工业部长报告有关马来西亚工业化的进展和问题，并向部长推荐解决问题的办法；（6）为联邦政府提供保护和促进工业发展的措施，包括关税和其他税项的征收、更改和豁免，以及进出口准证的实施。

日常具体事务：（1）负责执行1986年投资促进法令下的奖励措施；（2）负责颁发1975年工业协调法令和1974年石油发展法令下的制造业执照；（3）管理制造业计划所需的外籍员工；（4）负责执行训练和研究及开发的奖励措施；（5）负责执行关税保护以及原料、零部件和机械关税的豁免。

机构设置：设局长1名（由贸工部长委派）、副局长2名。下设11个处，分别是：工业促进处、工业支持处、化学工业处、农业及纸业处、电子及电器工业处、交通及机械工业处、金属及工程工业处、纺织及矿产工业处、计划及研究处、行政财务处、信息系统处。人员有500人左右。MIDA在国内10个州设有办事机构，这10个州是：槟州、吉打、霹雳、马六甲、柔佛、彭亨、吉兰丹、丁加奴、沙捞越、沙巴。在美国（4个）、日本（2个）、英国、法国、德国、意大利、瑞典、澳大利亚、韩国及中国台湾共设有14个海外办事处。

## 三、鼓励外商投资的产业政策

马来西亚鼓励外商及本地投资者投资于马来西亚的制造业、农业、旅游宾馆服务业、环境保护、科技研究开发、技术培训和转让等，相应给予有关税收优惠政策。

1．新兴工业。马来西亚将本国亟待和优先发展的制造业列为“新兴工业”，后来，又将农业及服务业内优先发展的行业也列入“新兴工业”范围内。对于列入“新兴工业”范围内的外商投资项目，马来西亚给予税收、用地和工作准证方面的优惠鼓励措施。

2．高科技产业。马来西亚将用于在马本地研究与开发年度费用支出占其销售额1%以上、科技员工人数占全部员工人数7%以上，且技术人员有正规院校文凭和学历、在相关行业工作满五年以上，从事高新技术产品生产与开发的企业列为高新技术企业。

3．战略性项目。马来西亚将投资金额大、回收期长、技术水平高、对马经济的发展有重大关联性影响的项目列为战略性项目。

4．研发项目。马来西亚鼓励外商在马设立研发中心（包括公司内部设立研发部门），为马国内有关企业提供研发服务。

5．技术转让和培训项目。马来西亚鼓励外商在马进行技术转让和对本地员工进行技术培训。

6．信息通信。主要是指鼓励外商从事电脑软件开发和升级、信息通讯产品生产和技术开发等。

7．环保项目。马政府鼓励外商从事植树造林，有毒和危险性废物的储存、处理和清除，节约能源，工农业及生活垃圾和废物的处理及再利用等行业。

8．航运及运输业。马政府鼓励外商从事航海运输和集装箱公路运输等，改善马物流现状。

9．农业综合开发。包括耕地和粮食品种改良、农田灌溉、排水及道路桥梁修建、禽畜及水产品养殖、海洋捕鱼等。

10．旅游会展业（含宾馆服务）。鼓励外商在马设立旅游公司，吸引外国游客来马旅游，鼓励外商开发生态和农业旅游、从事旅馆和度假休闲设施的建设及豪华游艇建造和维修服务等，鼓励外商在马从事专业性及综合性展览及举办国际性会议。

11．设立地区总部和国际采购中心。鼓励外商在马设立地区总部，为境内外的办事处和公司提供服务，鼓励外商在马设立采购中心，为其母公司及马国内关联公司采购和销售原材料、零部件和制成品。

## 四、鼓励外商投资的区域政策

区域发展方面，针对东马地区和马来半岛东部沿海地区工业基础相对薄弱的现状，马来西亚鼓励外商和本地投资者在东马的沙巴和沙捞越州及马来西亚半岛“东部走廊”（注：马来西亚的“东部走廊”包括吉兰丹州、丁加奴州及彭亨州）地带投资，在所得税等方面予以特别优惠。

为鼓励外商在马从事高新科技研发，马政府在吉隆坡专门划出区域设立“多媒体超级走廊”，积极引进外商从事电子、信息和通讯科技开发、产品研制及技术服务等，对“走廊”内的企业，除给予所得税和投资税赋减免等优惠措施外，在电信收费、研发经费申请、上市及海外募集资本方面也给予相应的扶持。

自2006年来，马来西亚政府陆续推出依斯干达特区、北部经济走廊、东海岸经济走廊、沙巴经济走廊以及沙捞越再生能源走廊，力图加快各地经济发展速度，平衡区域发展。

## 五、鼓励外商投资的优惠措施

马来西亚鼓励投资的优惠措施主要包括公司所得税和投资税赋减免、进口税及销售税减免等：

第一，所得税减免。马来西亚的公司所得税税率为28%，但自2006年起的3年内，每年降低所得税1个百分点（从事石油开采冶炼的，公司所得税税率为38%）。对于获得“新兴工业地位”资格的外商投资企业，从生产之日（指日产达到最高产量的30%当天）起，5年内只对公司30%的营业利润征缴所得税；如投资在东马及“东部走廊”地带，5年内只对公司15%的营业利润征缴所得税。

对于高科技公司、从事科学研究与开发及在“多媒体超级走廊”内设立电子信息通讯科技企业的，5年内免缴所得税。对设立机构进行科学技术转让及培训的，10年内免缴所得税。对于向马国内公司或个人转让先进技术的外商企业，其技术转让费免缴所得税，对涉及国家重大利益和对国家经济发展有重大影响的战略性项目，及对生产优先开发的机械设备（如工作母机、塑料成型机、材料装卸设备及自动化设备）及其零部件的企业，10年内免缴企业所得税。

投资于环保产业领域，5年内公司营业利润的70%免缴所得税，但对于从事植树造林的，10年内免缴企业所得税。

对于投资于财政部核定的生产（包括槿麻、蔬菜、水果、药用植物、香料、水产物及牛羊等牲畜饲养）的企业，10年内免缴企业所得税。对于出口鲜果和干果、鲜花与干花、观赏植物和观赏鱼的，可免缴相当于其营业利润10%的所得税。对于生产回教食品（HALAL），为取得HALAL食品品质验证和鉴定的支出，可相应从其所得税中扣除。

对于出口型企业，如其出口额增长30%，出口增加额的10%免缴所得税，如其出口额增长50%，出口增加额的15%免缴所得税。对信息与通讯科技企业，其出口增加额的50%免缴所得税。

对在兰卡威岛从事豪华游艇维修服务及在马提供豪华游艇出租服务的，5年内免缴所得税。对在马设立地区营运总部和采购中心的，5年内免缴所得税，5年期满后，经申请核准，可再延长5年免缴所得税。

对参与马来西亚工业发展计划的外商投资企业，5年免缴所得税，其用于培训员工、产品开发测试及公产审计方面的支出，可从其所得税中扣除。如作为供应商，其产品在价格、品质和技术含量上能达到世界水平，经核准后，可免缴10年的所得税。

第二，投资税赋抵减。对于获得“新兴工业地位”资格的及高科技外商投资企业，其用于固定资产（含厂房、机器设备和零部件等）投资额的60%，可在5年内抵消其应缴纳所得税的70%。如投资于东马及“东部走廊”，其投资额的80%可在5年内冲抵公司应缴纳所得税的85%。

对涉及国家重大利益和对国家经济发展有重大影响的战略性项目及对于环保产业及对生产优先开发的机械设备（如工作母机、塑料成型机、材料装卸设备及自动化设备）及其零部件的企业，5年内其用于固定资产的投资全部可从企业所得税中扣除。

对投资农业项目的，其用于固定资产（含厂房、机器设备和零部件等）投资额的60%，可于5年内抵消其应缴纳所得税的70%。其中用于农业综合开发中的道路桥梁、灌溉排水等基础设施建设支出的60%，可于10年内从其所得税中扣除。

对投资参与马来西亚工业发展计划的外商企业，其合格资本支出的60%可于5年内从其所得税中扣除。如作为供应商，其产品在价格、品质和技术含量上能达到世界水平，经核准后，其合格资本支出可于5年内相应从其所得税中扣除。

第三，再投资税赋减免。对于符合规定的公司再投资于马政府鼓励投资的行业，或对于开业12个月以上的外商企业，用于扩充产能、改进现代化设备、产品多样化和生产设备自动化的支出，其再投资额（或支出额）的60%可抵消其应缴纳所得税的70%，优惠期限长达15年。15年期满后，如继续再投资的，其继续再投资的资本支出可在3年内从所得税中全部扣除。

对农业领域再投资的，其用于土地开垦与改良、修建灌溉及排水系统、建造有关道路及桥梁等资本支出的60%，可于15年内抵消其应缴纳所得税的70%。其中用于农业综合开发中的道路桥梁、灌溉排水等基础设施建设支出的60%，可于10年内全部从所得税中扣除。

第四，进口税、销售税和国产税减免。对为出口产品而进口的原材料和零部件免缴进口税。 对国内不能生产或虽能生产但质量或标准不符要求的机械设备，免征进口税和销售税。对国内能生产且质量和标准符合要求的机械设备，如用于环境保护、废物再利用及有毒有害性物品的储存和处理的，用于研发机构和培训的以及用于种植业的机器设备，经申请，也可免进口税和销售税。用于旅馆和旅游服务的进口材料和设备免缴进口税和销售税。对于经核准的外商投资的教育培训设备（包括实验设备、车间、摄影室和语言实验室等）可免缴进口税、销售税和国产税（注：马来西亚对国内生产的一些特定产品，包括香烟、酒类、纸牌和麻将牌及机动车辆等，征收国产税）。对直接用于财政部核准的服务业项目的原材料和零部件及其消耗品，如国内无法生产或虽能生产但质量或标准不符要求的，可免缴进口税和销售税，本地采购的设备和机械免缴销售税和国产税。对设在"多媒体超级走廊"内的企业所用的有关设备免征进口税。

第五，其他税费减免及鼓励措施。（1）基础建设及工业建筑税减免。为特定目的建造和购买建筑设施（包括经核准的行业用于工业生产、研发和员工生活自用的房屋等），第一年可免缴10%的工业建筑税，以后每年可免缴3%，最长期限为30年。投资在东马和"东部走廊"的公司，可免缴全部的基础建设费。（2）有关费用豁免。对为促进马来西亚产品及品牌而发生的广告费用支出，经申请核准后，可相应从其所得税中扣除。（3）办理签证及工作准证的便利措施。对在马从事电子信息通讯等高科技研究与开发的外商，给予办理签证及工作准证的便捷快速服务。

## 六、外商投资的股权政策

马来西亚政府于1971年开始实行"新经济政策"，优先照顾原住民的利益，曾规定马来人须掌握全部工商企业30%的股份，后来有所改变。根据目前情况，在马来西亚外资可享有100%股权的行业领域主要有：（1）自2003年6月17日起，外商在制造业领域进行的新投资、现有项目的追加投资（扩充产能或产品多元化），可拥有100%股权，且不受外销比例的限制。但是，投资于纸类包装、塑料包装、塑料射出模具组件、金属冲压与金属铸造、电线、印刷以及钢铁片剪切服务等7个马来西亚企业已有能力与技能经营的制造领域的外资不享有100%股权。（2）经马政府核准投资于“超级多媒体走廊”的外资公司可拥有100%股权。（3）外资投资于矿砂掘取、开采、加工及有关项目，可拥有100%股权。但在核定股权比例时，马政府将综合考虑投资额、工业技术及风险、本地有无专业技术等因素。（4）经马政府核准的地区营运总部、地区分销中心或国际采购中心的外资可拥有100%股权。（5）经马政府核准投资于伊斯兰教金融领域（银行、保险以及再保险）的外资可拥有100%股权（2007年2月宣布）。（6）投资于依斯干达经济特区的创意工业、教育服务、金融咨询、保健、物流和旅游服务业的外资可拥有100%股权。

如果外商在马来西亚设立合资公司，其股权依下列原则分配给马来西亚公民：

1. 由外国人发起且未指定本地合作伙伴的投资项目，如外资超过70%，则其余股份保留给土著居民；如外资低于70%，则30%应保留给土著居民，其余的分配给非土著居民；如外资持股60%，则30%保留给土著居民，其余10%分配给非土著居民。如果保留给土著居民的股权无人认购，贸工部则将该股份分配给非土著居民。

2. 由土著发起且与外资合作的投资项目，如果外资超过70%，则其余股份保留给相关土著；如外资低于70%，则其余额也应保留给土著。但是，如果土著居民无力认购全部股权余额，贸工部可将部分余额分配给非土著居民认购。

3. 由非土著发起且与外资合作的投资项目，如外资超过70%，则其余股份保留给相关非土著居民；如外资低于70%，则30%保留给相关非土著居民，其余的分配给土著居民。但在特殊情况下，经贸工部批准，非土著居民也可认购其余全部股权。

马来西亚其他行业领域对外资股权的规定为：（1）银行业。（除伊斯兰教金融外）外资在投资银行股份不得超过49%，商业银行不得超过30%。（2）保险业。（除伊斯兰教金融外）外资股份超过49%时，必须得到政府批准；现有的合资保险公司的外资股份经批准后允许提高到51%，但是新进入的外资公司只能与本地保险公司合作，且股权不能超过30%。（3）基础电信业。外资在固定电话业务和增值业务方面的股份不得超过30%。（4）法律服务。外资在律师事务所的股份不得超过30%。（5）房地产业。外资在房地产开发企业的股份不得超过30%。（6）直销业。直销公司必须要包含30%的马来人股份。

## 第三节 投资亮点

在对马来西亚投资领域中，有三大亮点，分别是：

1. 鼓励申请清真认证机制

2005年9月马来西亚政府出台了申请清真认证鼓励措施的指南，鼓励政策内容包括：凡生产清真食品的公司，自符合规定的第一笔资本支出之日起5年内所发生符合规定资本支出的100%可享受投资税赋抵减。有资格申请享受此项措施的公司包括：使用先进生产设备或技术生产清真食品的新建企业；通过投资额外的机械设备或先进技术对现有企业进行升级或扩大的企业；现有公司对其生产清真食品多样化改造的企业。

2. 鼓励发展生物科技

马来西亚2007年财政预算报告宣布了一系列新举措，鼓励在生物科技领域的投资，推动生物科技的发展。投资鼓励政策包括：第一，生物科技公司从首年开始盈利起，免交10年收入所得税；第二，10年届满后，生物科技公司将从第11年开始缴纳20%的所得税，优惠期仍为10年；第三，在生物科技领域进行投资的个人和公司，将减去与其原始资本投资相等的税收，并获得前期的融资支持；第四，生物科技公司在进行合并或并购时，可豁免印花税，并免交5年的不动产收益税；第五，用于生物科技研究的建筑物可获得有关的工业建筑物津贴。马来西亚政府还将拨出2.1亿林吉特（约合5,526万美元）用于发展生物科技。此外，马来西亚政府还将拨出5,900万林吉特（约合1,552万美元），重点开发基因、分子生物、制药等领域的产品。

3. 推动多媒体超级走廊的发展

为了成为全球信息与通讯技术产业的中心，马来西亚政府于1996年创建了信息与通讯技术计划，即多媒体超级走廊。所有取得多媒体超级走廊地位的公司都可享受马来西亚政府提供的一系列财税、金融鼓励政策及保障，主要包括：提供世界级的硬件及资讯基础设施；无限制地聘请国内外具有专业知识的员工；公司所有权自由化；长达10年的税收豁免政策或5年的财税津贴等。政府已经拨款1.54亿林吉特（约合4,052万美元）用于多媒体发展机构的各种项目。此外将建立一个工业发展基金，对信息与通讯技术产业应用提供资金。

总体来看，马来西亚比较适合外国投资的主要产业包括：（1）原产品领域，包括棕油、橡胶以及农渔业；（2）石油化工行业；（3）电子电器业；（4）机械制造业；（5）清真食品业；（6）IT类高科技产业；（7）生物科技业；（8）产品出口至东盟其他国家的制造加工业。

对于我国而言，国内企业如准备开拓东盟市场，可将马来西亚作为跳板。据“中国企业‘走出去’发展项目推介会”组委会提供的信息，目前国内企业可以考虑在马来西亚的十个领域投资：

一是电气与电子业。电气与电子业是马来西亚的主要工业，其产品出口约占制成品出口的三分之二。

二是以棕榈油为基础的工业。鉴于全球对天然油脂化学产品的需求增加，马来西亚政府鼓励发展油脂化学品及其下游的附加价值衍生产品，这些衍生产品有除垢剂、化妆品、食品等。

三是木材工业。马来西亚木材工业的原料源自天然森林、橡胶种植园及森林种植园。

四是橡胶工业。其下游制成品消费的橡胶正在增加，马来西亚已成为全球首要的橡胶手套、胶绵及医疗用导管生产及输出国之一。

五是农业与食品工业。可分为四类：鱼和鱼类产品、畜牧业和牲畜产品、水果和蔬菜产品、花卉栽植。

六是化学工业。化学工业在马来西亚越来越重要，主要领域包括石油、石化、无机化学品、油脂化学品和工业用气体，主要产品是人造树脂、甲醇、醋酸、丙烯酸、氧醇、芳烃、纯对苯二酸、脂肪酸及脂肪醇。

七是材料业。包括聚合物、金属、合成物和陶瓷品的生产。在马来西亚，塑料是聚合物业中最发达的，而金属业则以钢铁为冠。合成物方面的产品有玻璃纤维、不饱和聚酯和炭纤产品。陶瓷业生产的多样产品包括电子业用的先进陶瓷品。

八是交通工具业。汽车工业为马来西亚最大的交通工具制造业。

九是机械制造业。

十是纺织与成衣业。配合以外销为主导的工业化政策，马来西亚的纺织与成衣业出口在2000年该国制成品的出口总收入中排第四位。

2009年12月22日，中国驻马来西亚使馆经济商务参赞高文宽在"东盟市场及投资环境介绍会"上谈到中马双边投资问题，以下是高文宽的发言要点："中国—东盟自贸区建设发展顺利并将于2010年建成，为双边投资提供了良好的机遇和条件。近些年来，中马双向投资保持活跃。根据中方统计，截至2008年年底，马累计在华投资项目4,451个，累计实际投资额49亿美元，位居中国吸收外资国家（地区）第16位，2010年1—10月，马对华新增投资项目162个，实际利用金额3.33亿美元，同比增长58.1%。中国对马投资近年呈现出增速快、规模大的趋势。根据马工业发展局统计，2000—2008年，中国对马工业领域累计投资7.6亿美元，投资项目122个；2010年1—8月，中国对马工业领域投资额为1.5亿马币，投资项目13个。随着中马两国政治互信日益增强，两国商家对彼此投资环境不断加深了解，相互投资的前景广阔，并且在今后几年里仍会有更大发展。今天，我愿借此机会谈三点看法。第一，进一步加深对对方市场及投资环境的了解，选好选准投资项目。我建议可以采取实际考察或者详细查阅有关投资政策的方式，来相互了解投资环境。近些年来，中国企业在马投资呈快速增长的势头，但投资总量仍很小，主要原因是中国企业对马投资环境了解不够。为解决这个问题，我处2008年编写了《马来西亚投资指南》，约有8万字，对马投资环境做了详细介绍。中国商家可在中国商务部官方网站上免费查阅该指南以了解马相关投资政策；而马商家则可以到中国商务部投资促进局网站上查阅中国投资优惠政策。如涉及具体项目，我们也欢迎大家到中国驻马大使馆经济商务参赞处咨询。第二，投资要立足长远，要搞特色产品投资、特色领域投资，避免短期性或存在竞争性的同类产品投资。例如中国是农业大国，马商家可在中国投资于农业领域、清真食品领域、科技创新领域等，而中国商家在东盟国家投资，包括在马来西亚投资，也要考虑东盟国家的特色领域，如种植业、高新技术产业、石油化工的下游产品、海水养殖加工等领域，做到长久发展。第三，要本着互利共赢的原则，创新投资方式，选择好合作伙伴和合作方式，做到优势互补。”

高文宽又说：“根据我这几年在马工作经验，以及当前经济已开始复苏的形势，我认为目前两国企业家应重视和把握好以下四个投资机遇：一是中国基础科学研究比较发达，有大量科技人员和丰硕的研究成果，马企业可寻求与中国进行技术合作的机遇。例如马来西亚海鸥集团与中国空间技术研究院正进行热能技术方面的合作。二是马来西亚很多企业作为中国名牌产品的代理商，由于金融危机的影响，一些生产企业可能面临各种困难，如产品需要升级换代或扩大规模等。马来西亚的代理商趁此机会参股中国生产企业，包括有些企业可搬到马来西亚加工后再转口。三是马来西亚在某些工业生产领域尚存空白，而市场又有需求，如重工、冶金、精密仪器制造（电机、变压器等）等，中国企业可到马投资设厂，也可与马企业合作办厂。四是马来西亚有许多特色产品，而中国这个13亿人口的大市场有较大需求，如马来西亚的棕油、橡胶、木材、纸浆、可可等对中国出口量逐渐扩大。马相关企业可与中国有销售实力的企业合作，也可以请中国有关企业参股，既可节省费用，又可以利用其已有的销售网开拓市场。我相信，谁率先把握这点谁就抢占了商机。例如中国山东有两大花生油生产厂，一个是鲁花，一个是齐花，都是很有实力的企业，也有广泛的销售网络，目前齐花公司特别希望马来西亚棕油种植公司与其合作，以生产色拉油等多种食用油，我想这对马来西亚棕油企业是个很好的合作机会。此外，两国在电子科技、生物科技、海洋开发等领域都有很多机会合作。我希望两国企业家充分把握这些机遇。”

## 第四节　税收政策

### 一、马来西亚税制情况

马来西亚税收种类分为直接税和间接税。直接税包括：所得税、不动产盈余税和石油所得税等；间接税包括：国产税、关税和进出口税、销售税、服务税和印花税等。

马来西亚联邦政府和地方政府实行分税制，具体税种如下：

1．联邦政府征收的税种

联邦政府征收的税种税率及税收比重：

财政税（约占80%）和非财政税（约占20%，含有关政府性收费）。

财政税分为直接税和间接税，其中：

直接税约占54%，包括：所得税（公司，税率28%；个人，税率0~28%；石油业，税率38%），其他则包括印花税

（税率0~2%）等。

间接税约占46%，包括出口税、进口税，税率0~300%，服务税，税率5%。销售税，税率0~25%，货物税，及其他税种。

2．地方政府征收的税种

州政府征收的税种主要有：土地矿山和森林税、执照税（不含机动车、电气设备和商业注册执照）、娱乐税和酒店税等。门牌税由市镇当局征收。

## 二、马来西亚税收行政管理

中央税、中央与地方共享税和地方税由联邦政府、州政府和市镇当局三套各自独立的税务机构或授权部门分别征收，征税范围与税收收入归属一致。另外，各地邮局可代收某些税款，大大方便了纳税人。

马来西亚联邦政府财政部统一管理马税务制度，负责制定、实施及管理该国税收政策，由其下属内陆税收局和皇家关税局具体管理和实施。

1．内陆税收局主要负责评估、征收直接税，如所得税、附加税、房地产税、印花税等。在全国各地设有25个评估分支机构和16个调查中心（主要负责逃税事宜），统筹管理全国各地直接税的评估和调查工作。内陆税收局还具有与外国商签避免双重征税协定的职能。

2．皇家关税局（又称：皇家关税和货物税局）主要征收间接税，如进口税、出口税、销售税和服务税等。主要职能有：

（1）负责制定、管理间接税种；

（2）通过引进新方法和先进设备来提高征税效率；

（3）通过减免征收、建立免税区等措施协助促进工业发展；

（4）引进预防逃税及税收损失的措施；

（5）研究商品的价值，确定征收税额；

（6）代表贸工部和内贸部等其他部委开展部分工作；

（7）积极参加关税合作委员会、东盟、世贸组织等国际组织的活动等。

皇家关税局下设6个主要部门：

（1）统筹管理和财务处；

（2）关税处；

（3）国内税收处；

（4）预防处；

（5）研究、规划和培训处；

（6）税收处。

3. 州政府没有专门的地方税务局，而是根据征收的税种，由相关的部门进行征收，如土地税、矿产税由州矿务局征收，森林税由州森林局征收。州政府财政部门给予政策上的指导。

## 三、主要税种税率

1. 公司所得税

一般而言，在马经营的公司一切收入均应课税。但是，居民公司和非居民公司汇入马来西亚的款项得以免税（银行、保险、海运及空运公司除外）。如公司在马来西亚实施其业务控制及管理，该公司即被视为居民公司。

一般外资企业所得税与国内企业一样同为28%，获新兴工业地位的公司可按有关规定获得优惠。从事石油生产的公司，所得税税率为38%。

2. 个人所得税

居民在马取得的收入和自马境外汇入国内的收入以及非居民在马工作期间取得的收入均应缴纳所得税。居民个人所得税率采用0~28%的累进税率，对符合相关规定的，可予以减免。非居民个人的所得税率为28%，除对在马短期逗留和在马工作不满60天的非居民取得的收入可予免税外，非居民的其他收入不享有减免优惠。

对于非居民个人在马期间取得的下列收入，须预先缴纳特定的所得税：

（1）因动产的使用、提供技术咨询服务、提供厂房和机械安装服务以及因提供其他无形资产的使用而取得的收入预先缴纳的税率为10%；

（2）因提供专利的所得预先缴纳的税率为10%；

（3）银行存款利息所得预先缴纳的税率为15%；

（4）大众演出的所得预先缴纳的税率为15%。

3．不动产盈利税

在马出售不动产、土地权益以及不动产公司的股份而所得收益须缴纳不动产盈利税，马公民和公司相应税率如下：

（1）自取得该不动产（含有关权益）两年内出售的，税率为30%；

（2）自取得该不动产（含有关权益）第三年内出售的，税率为20%；

（3）自取得该不动产（含有关权益）第四年内出售的，税率为15%；

（4）自取得该不动产（含有关权益）第五年内出售的，税率为5%；

（5）自取得该不动产（含有关权益）第五年后出售的，公司的税率为5%，马公民无须缴纳。

马公民和永久性居民可以享受最高为5,000林吉特或所得额10%的免税。

非马公民和居民的不动产所得税，五年内出售不动产及相关权益的，税率为30%，五年后的税率为5%，不享有减免税优惠。

4. 销售税

销售税为单阶段从价税，所有在马制造的产品和进口的商品（除可免税商品外）均须缴纳销售税，税率为0~25%，但用来制造课税货物的原材料与机械通常可获得免税。一些非主要的食品与建筑材料的税率为5%，烟草和酒类的税率分别为25%和20%；某些原料性产品、基本粮食、建筑材料、农业用具以及供建筑业用的重型机械可获得免税；一些观光旅游和运动用品、书籍、报刊与读物也可获得免税。

5. 服务税/消费税

某些机构场所提供的特定货物（如食物、饮料和烟草等）和服务须缴纳服务税，亦可视为消费税，在提供服务或销售物品时征收，税率通常为在服务收费或产品售价上另加5%。目前，所有大型饭店以及设在饭店内外的餐厅，为会议及表演提供场地，律师、会计师和测绘师等提供的专业服务，保险和电信服务，保安和休闲等服务，均须缴纳服务税。

6. 国产税

本地制造的一些特定产品须缴国产税，主要包括香烟、酒类、纸牌、机动车辆等。

7. 进口税

大多数进口货物须缴付进口税，税率分按值计税和特定税率。按值计税的进口税率介于2%~300%之间。近几年来，大部分原材料、零部件和机械设备的进口税已被取消。但自从1997年下半年发生金融危机以来，马来西亚政府为压缩进口以减少外汇的开支，又调高了一些大型机械设备和高档消费品的进口税率，其中豪华汽车整车的进口税率从200%提高到300%。

根据马来西亚承诺的东盟共同有效特惠关税方案，自2003年1月1日起，东盟其他成员国进入马来西亚的除汽车及零部件外的其他商品的进口关税减至0~5%。

8．出口税

马来西亚除对一些资源性商品的出口征收出口税外，通常对制成品的出口免征出口税。马来西亚征收出口税的应税商品包括原油、原木、锯材和棕榈油等资源性商品。

9．印花税

印花税的课税对象为某些票据和文件，依据票据及文件的种类以及所涉及的交易额采用不同的税率。对于企业来说，其资产首次达到10万马币的，征收1%的印花税，超过该金额的，征收2%的印花税。对于可转让证券，印花税税率为0.3%。某些票据，如提货单和版权专利商标等权益转让的票据，免征印花税。

## 第五节　关税与外汇兑换政策

马来西亚海关现行的主要执法依据是《1967年海关法》、《1996年关税法令》、《关税（豁免）法令》、《东盟关税（豁免）法令》。

2005年，马来西亚最优惠国关税的简单平均关税税率约为8.1%。为了实现开放和经济自由化，马来西亚政府计划进一步降低关税率。

根据2005年7月正式实施的《中国—东盟全面经济合作框架协议货物贸易协议》，到2007年1月，中国和东盟6个原成员国（泰国、马来西亚、印度尼西亚、菲律宾、新加坡、文莱）

60%的商品关税将降至5%以下；2010年建成中国—东盟自由贸易区后，绝大多数产品的正常关税降为零。

1. 针织产品

自2007年1月1日起，马来西亚对针织服装的关税从20%降至12%；袜子等衣着附件的关税降至8%。但是，马来西亚将部分西服套装、长裤、衬衫、棉制婴儿服、手套等共20个税目列为一般敏感产品，这些产品在2018年前将继续保持20%的关税税率。

2. 非针织服装

自2007年1月1日起，马来西亚对棉制或化纤制的衬衫、长裤等非针织服装的关税从之前的20%降至12%。棉制男长裤、部分男女衬衫、男内裤、部分尿布及婴儿服等共8个税目的产品被列为一般敏感产品，至2018年前将保持原有的20%的税率。

3. 长丝类产品

马来西亚对大部分进口长丝类产品实行零关税。但对部分纱线，如人造纤维长丝纱线、尼龙单丝等细丝，以及化学纤维长丝的机织物征收10%的关税。自2007年1月1日起，这些产品的关税降至8%。马来西亚将合纤丝线、未漂白或漂白的纯合纤长丝布、染色纯合纤长丝布共3个税目的产品列为一般敏感产品，在2018年前保持原有的关税水平。

马来西亚对原材料的关税总体较低，但是对加工品的关税有所提高，形成了一定程度的关税升级。如马来西亚对可可实行零关税，但是对可可制品征收15%的关税；对棉花不征收关税，对棉纺纱征收10%的关税，棉制针织品和服装征收20%的关税等。除了进口关税以外，大多数产品还须缴纳10%的销售税。

马来西亚的外汇体系相对开放。外国投资者可以自由地撤回投资或汇回利润。对国外的汇款可以通过指定的外汇兑换机构以任何外币汇出，但不能使用以色列、塞尔维亚和黑山的货币。非马来西亚居民也可以自由地开立林吉特或外汇账户。当地的出口商在出口过程中可以在外汇账户中留有不超过1,000万美元的金额。旅游者在进入或离开马来西亚时可以不受限制地携带任何数量的林吉特和其他外币。到目前为止，马来西亚国家的外汇政策与政策的执行情况基本是一致的。

## 第六节　投资方式及相关管理制度

马来西亚对外商投资方式的规定包括：

直接投资设立企业：外商可直接在马来西亚投资设立各类企业。直接投资包括现金投入、设备入股、技术合作以及特许权等。

跨国并购：马来西亚允许外资收购本地注册企业股份，并购当地企业，但对某些领域，有外资股权限制。一般而言，制造业、采矿业、超级多媒体地位公司等领域外资可获100%股份。

股票收购：马来西亚股票市场向外国投资者开放，允许外国企业或投资者收购本地上市企业，但须获得马来西亚外资委员会（FIC）同意。外国投资者在吉隆坡股票交易所购买上市公司的股票，其购买量占上市公司股份5%以下的，不需向证券委员会报告；如购买量达到或超过上市公司股份5%，应通知上市公司秘书，由其向证券委员会报告；购买量达到或超过上市公司股份33.3%，需要获得证券委员会的许可，同时还须向公司其他股东公布收购情况。

与投资相关的管理制度主要有：

1．劳工政策

马来西亚卫生部2006年宣布，凡是外来劳工，包括女佣在内，从在马来西亚服务的第三年开始，不再强制进行常规健康检查。 但是外来劳工在抵达马来西亚两年内强制接受三次健康检查的规定仍然不变，三次检查的时间分别是：抵达马来西亚1个月内，第二年更新外劳准证时和第二年末。

2．签证政策

为了配合2007年马来西亚旅游年，马来西亚政府宣布，从2006年9月1日起，包括中国、印度、巴基斯坦、孟加拉国和缅甸在内的23个国家的公民，可以在抵达马来西亚国际机场时申请落地签证。获得落地签证者可在马来西亚逗留一个月，但仅限于从机场入境者。如想延长签证时间，必须离境后重新入境。之前仅对中国和印度公民发放的一年期多次入境签证也已经扩大到对西亚的所有游客发放。除印度的新德里和钦奈外，马来西亚还将在孟买新设一家领事办公室，以加快签证申请程序的速度。

为了吸引海外技术工人来马来西亚工作，马来西亚加速了对签证和工作许可的发放。2007年，马来西亚将在工业发展局和多媒体发展机构中设立移民处，并授权其对外国人的签证和工作许可进行审批。为了进一步方便公众，移民部还将在旧赖（Cheras）和旺沙马玛珠（Wangsa Maju）新建2个联邦直辖区的分支机构，在主要城市的移民办公室设立专门柜台，为专职人员和商务人员提供服务。另外，也允许有专业资质的外来工作人员的配偶在马来西亚工作。

3．外资企业准则

以企业产品出口量占总产量的比例作为准则，若该比例在80%以上，则对企业所有权结构不作任何要求；比例在50%~80%之间，则外资可控股51%以上，某些情况下，外资控股可达到79%；比例在20%~50%之间，外资可持股30%~51%；比例不到20%，则外资最多可持股30%。

4. 对马来西亚人所有权分配的政策

如果外商持股不到100%，那么当地人所有权的分配按如下方式进行：没有当地合伙人的外资企业中，若外资持股达到70%以上，那么余下的部分由土著马来人所有；如果外商持股不到20%，那么30%的股份由土著马来人持有，其余的由其他马来西亚人持有；如果为土著马来人留出的部分无人认购，则由马来西亚贸工部将其分配给其他马来西亚人。在由外商与土著马来人设立的合资企业中，除外资持股以外，其余的股份应属于其当地合伙人，即土著马来人。如果该合伙人无法全部认购，则贸工部将认购的股份分配给其他马来西亚人。在由外商与非土著马来人合伙设立的企业中，除外资持股外，当地合伙人最多可持股30%，其余的股份由土著马来人持有。

## 第七节　投资限制、风险及防范

我国企业到马来西亚贸易和投资会面临一些实际困难和问题，对此应有充分估计并进行适当应对。

### 一、进口限制

1998年马来西亚海关禁止进口令规定了不同级别的进口限制。

第一类是14种禁止进口品，包括含有冰片、附子成分的中成药，45种植物药以及13种动物及矿物质药。

第二类是需要许可证的进口产品，主要涉及卫生、检验检疫、安全、环境保护等领域。包括禽类和牛肉（还必须符合清真认证）、蛋、大米、糖、水泥熟料、烟花、录音录像带、爆炸物、木材、安全头盔、钻石、碾米机、彩色复印机、一些电信设备、武器、军火以及糖精。据统计，目前仍然有大约27%的税目产品需要进口许可证。

第三类是临时进口限制品，是为了保护国内产业而设置的，包括牛奶、咖啡、谷类粉、部分电线电缆以及部分钢铁产品。

第四类是符合一定特别条件后方可进口的产品，包括动物、动物产品、植物及植物产品、香烟、土壤、动物肥料、防弹背心、电子设备、安全带及仿制武器。

## 二、出口限制

马来西亚规定，除以色列外，大部分产品可以自由出口至任何国家。其余属于禁止出口的产品。部分产品需要获得政府相关部门的出口许可。下列产品的出口受限：短缺物品，敏感或战略性或危险性产品，以及受国际公约控制或禁止进出口的野生保护物种。

马来西亚《1988年海关令（禁止出口）》第一类清单为绝对禁止出口的产品，包括禁止出口海龟蛋和藤条，禁止向海地出口石油、石油产品和武器及相关产品。第二类清单为需要出口许可证方可出口的产品。第三类清单为需要视情况出口的产品。大多数第二和第三类清单里的产品为初级产品，如牲畜及其产品、谷类、矿物、有害废弃物。第三类清单中的武器、军火及古董的出口受到政府的严格控制。 国际贸易与工业部及国内贸易与消费者事务部负责对大部分产品出口许可证的管理。

## 三、技术性贸易壁垒

马来西亚规定，自2004年3月1日起，谷物、面包、乳、罐装肉制品、罐装鱼制品、罐装水果和罐装蔬菜、果汁、软饮料以及色拉调料等部分马来西亚人经常消费的七大类预包装加工食品，必须加贴营养标签。马来西亚是继美国、加拿大、澳大利亚、新西兰和日本之后第六个实施强制性营养标签制度的国家。马来西亚《营养标签和声明条例》规定了营养标签的类型和包装上的标注方式。营养标签上必须分别以每100克（毫升）及每餐分量为基础标注热量、碳水化合物、蛋白质和脂肪含量，可直接饮用的饮料还必须标注糖分含量。若标签上对脂肪酸含量或类别进行了标注或声明，还必须紧接着标注脂肪含量中单不饱和脂肪酸、多不饱和脂肪酸、饱和脂肪酸及转化脂肪酸含量。该条例还对禁止在营养标签上出现的声明或暗示作出了规定。自2005年7月开始，有超过50种食品被要求必须符合这些标签规定。马来西亚营养标签的规定虽然同食品法典委员会（CAC）的原则规定基本一致，但是对于热量的计算方法和脂肪酸、维生素及矿物质的标注要求有别于通常的惯例，具有一定的特殊性，增加了企业在产品开发和标签设计时的复杂程度。

马来西亚对于中药及保健品的进口实施特别的限制措施，主要包括：（1）禁止进口川乌、草乌、附子、穿山甲等药；中成药不允许掺入抗生素、激素、安眠药等西药成分。（2）限制在药品包装及广告中提及一些功效，如抗癌，避孕，壮阳补肾、治疗糖尿病、风湿等。（3）进口药品生产企业必须持有“良好品质操作规范”证书。传统中医药生产企业多数未开展“良好品质操作规范”认证工作，其产品无法获得马来西亚的进口许可证，作为保健品的药酒也存在同样问题。（4）马来西亚药品注册程序比较复杂。中医药产品要进入马市场，首先须委托马当地注册公司向马卫生部药监局提出注册申请，并向其公开配方，得到“MAL”许可证后方可进口及销售。注册时间一般为1～2年，也可长达3年。这一规定增加了中国中医药企业的生产成本，同时，公开药物配方不利于药品知识产权的保护，对企业利益存在潜在的损害。

在卫生与植物卫生方面，马来西亚要求所有肉类、加工肉制品、禽肉、蛋和蛋制品必须来自经农业部兽医服务局检验和批准的工厂，所有进口产品必须获得兽医服务局颁发的进口许可证。兽医服务局经常通过进口许可证要求限制鸡肉产品的进口，尤其是在当地生产商认为存在进口产品低价竞争的情况时。所有肉类、加工肉制品、禽肉、蛋和蛋制品必须通过回教中心的清真认证（根据穆斯林习俗生产），牛、羊、家禽的屠宰场以及肉蛋加工设备必须获得穆斯林发展部的检验和批准（JAKIM）。清真认证证书由兽医服务局和回教中心现场检验后联合颁发，马来西亚政府有权在一年后对工厂进行复检。马来西亚的清真认证针对的是单项产品，而非加工企业，其要求与其他伊斯兰国家相比更为严格，并且存在操作程序不透明的情况。

## 四、服务贸易壁垒

1. 电信

马来西亚通过投资上限来限制外资的进入。外国公司最多只能收购现有固定电话业务30%的股份。提供附加值服务的供应商的外资股份也被限制在30%以内。

2. 分销与直销

马来西亚要求本地直销公司必须含有30%的马来人股份，方可获得直销公司许可证并从事经营业务。本地公司申请多重直销许可证需要缴纳150万林吉特（约合39.5万美元），但是外国人参股的公司则必须缴纳500万林吉特（约合131.5万美元）。马来西亚的“外国参与分销贸易服务指导方针”中也包含了对本地企业持股比例的要求。例如，百货公司、超级市场以及高级商场必须保留至少30%的货架空间，摆放由马来西亚人所有的企业所生产的产品。这种对本地成分的苛刻要求对服务贸易造成了扭曲。

3．法律服务

马来西亚规定，外国律师不能在马来西亚从事法律工作，不得加入当地律师事务所或使用其国际律师事务所的名称开展业务。外国律师事务所只能与当地律师事务所合伙开展业务，并且投资股份不得超过30%。外籍律师提供法律服务的范围限于其母国法和国际法的相关事宜。根据1976年马来西亚《法律职业法案》的规定，通常只有熟练掌握马来语，并获得当地法律学位或认可律师资格的马来西亚公民或永久居民才能在马来西亚从事法律服务。总检察官有权逐个免除此种限制，前提条件是申请人要有七年的法律经验。

4．建筑

马来西亚规定，外国建筑公司只能作为特定项目的合营方在马来西亚从事建筑服务，并需要得到马来西亚建筑师局的批准。外国建筑公司不能成为马来西亚建筑公司的注册合伙人。外国建筑师在马来西亚不能获得执业许可证，仅可成为马来西亚公司的管理人、股东或雇员。只有获得许可证的建筑师才能出具建筑计划。

5．工程

马来西亚有关外商从事工程服务的法律规定较为严格。只有在一些特定的项目中，马来西亚工程师局才会批准外国工程师获得执业资格，但必须得到承揽该项目的马来西亚公司的担保，且执业资格仅在该特定项目期间有效。总的来说，外国工程师必须在母国注册成为工程师，有至少10年的经验，并且在一个日历年内在马来西亚境内的时间至少为180天。外国工程师要获得临时职业许可证，通常都要由马来西亚公司向工程师局证明无法找到胜任该工作的本国工程师。外国工程师不得独立于马来西亚的合伙人开展业务，或担任工程咨询公司的主管或股东。另外，外国工程公司可以和马来西亚公司合作，但须由马来西亚工程公司负责设计并向国内主管部门提交计划。

6．会计服务

所有希望在马来西亚提供审计与税收服务的外籍会计，必须在向马财政部申请许可证之前，在马来西亚会计师协会登记注册。在马来西亚会计师协会登记注册时需要有公民或永久居民的身份。只有获得本地大学学位，或者是政府认可的11家海外职业机构成员的马来西亚公民或永久居民才可以申请注册。

7．银行

为了鼓励国内金融服务，马来西亚政府对外国参与金融服务采取限制性政策。目前外国机构允许拥有投资银行49%的股份，但是外国商业银行的最高股份上限被限制在30%。外国银行必须作为马来西亚国内控制的分支机构才能开展业务。外国商业银行只有在马来西亚国家银行指导增加其他支行的情况下，才被允许开设新的支行。

8．保险

外资保险股份超过49%时，必须得到马来西亚政府的批准。马来西亚允许现有的合资保险公司的外国股东将股份提高到51%。但是，新进入的外国保险公司只限于参与本地保险公司的股份，而且外资累计股权不能超过30%。

9．劳务

马来西亚尚未开放普通劳务市场。目前，马通过工作签证等措施严格限制中国驻马来西亚公司的工作人员及技术劳务人员的人数。（1）工作签证：马来西亚移民局规定，中国的专业技术人员必须拥有5年以上的工作经验才可办理工作准证申请，而且经常以本地有充足的同类人员为由予以拒绝，在马来西亚的中资企业长期遇到此类问题。从2005年起，中国技术人员办理马来西亚工作准证申请及工作准证延期的程序更加复杂，严重影响和制约了中国企业在马来西亚的发展。马来西亚移民局还规定，外国公司的总代表或总经理最多可在马来西亚任职10年，超过10年将不再延长其工作准证。此项规定对于在马来西亚长期发展的外国企业非常不利。（2）商务签证：马来西亚的商务签证有效期短，且办理周期较长。目前马来西亚给予中国商务人员的签证有效期仅为一个月，且申请多次往返签证比较困难。另外，有中国高科技公司反映在实施项目过程中，经常需要国内工程师往返马来西亚进行短期技术支持，但是由于在中国国内办理马来西亚签证需要1~2周的时间，往往造成某些突发的技术问题得不到及时处理，影响项目进度。

## 五、投资风险

马来西亚政府投资项目基本不对外国公司开放。马禁止外国投资者在马从事烈性酒和烟草的生产。马来西亚鼓励外国直接投资，特别是对外向型制造业和高科技产业的投资，并允许外资制造业独资经营。但规定在纸包装、塑料包装、金属冲击、金属成型和电镀、电线束装、印刷及钢铁等行业的外资股权不得超过70%。同时，马来西亚对境外个人投资者对马投资限制较多，个案处理范围宽泛，任意性大。另外，马来西亚有关法律规定，部分行业禁止外商独资以及必须有2名以上马籍股东。上述规定客观上对外资进入造成一定障碍，我们对此必须予以关注。

## 六、防范措施

1．客观评估投资环境。中国投资者赴马来西亚开展投资合作首先应该客观评估其投资环境，主要注意以下问题：经济规模及产业优势，政府及各界对待外国投资的态度，投资经商的便利化措施，人文、语言及宗教环境，政府部门的执行力及工作效率，经商习惯及民商法律制度，社会治安状况。

2．适应法律环境的复杂性。独立前马来西亚是英国殖民地，因此其法律体系受英国影响很深，成文法与判例法在商业活动中都发挥作用。中国企业到马来西亚投资首先要注意法律环境问题，要严格遵守马来西亚各项法律规定，密切关注当地法律变动情况；聘请当地有经验、易于交流的律师作为法律顾问；处理所有与法律有关的事务，涉及投资经营重大问题和合约谈判及签署，事先一定要听取专业律师的意见。

3．做好企业注册及申办各类执照的充分准备。在马来西亚投资合作的起步阶段最大的困难是公司注册和申办各类执照。这些执照的申请程序复杂，文件繁多，审批时间较长，需要交涉的事务头绪纷繁。中国企业要对马来西亚关于外国投资注册的相关法律法规有一定了解；聘请专门的秘书公司和专业律师协助处理有关申请事宜；按照要求，提前备齐所需文件，及时履行相关手续。马来西亚各类申请文件及公司文书均需企业法定代表人亲自签名，并加盖公司的正式印章。

4．适当调整优惠政策的期望值。马来西亚政府虽然制定了多项投资优惠政策和鼓励措施，但是这些政策不能自动获得，企业必须向政府主管部门提出申请，政府根据企业情况酌情给予一定优惠政策。中国企业要详细了解这些优惠政策的内容、申请条件及程序，适当调整对优惠政策的期望值，并在专业人士指导下向政府申请有关优惠政策。

5. 充分核算税赋成本。马来西亚的税收体系比较复杂，缴纳税务专业要求高。中国投资者要认真了解当地税收政策，仔细听取专业会计和税务人员的意见，充分核算税赋成本，尽量选择在能够获得所得税减免的领域或地区投资。

6. 有效控制工资成本。马来西亚没有最低工资标准，总体工资水平也高，企业工薪支出包括工资、公积金及保险和年度花红等。中国企业需要了解当地劳动法令关于正常工资和加班工资的具体规定，精心核算工资成本，提高劳动生产效率。

7. 确保自身安全。马来西亚政局稳定，社会和经济发展状况良好。在马旅行、学习、工作以及生活较为方便和安全。但从近年来中国公民在马发生的问题和马媒体公布的情况看，特别应注意以下事项：

（1）马持械抢劫、凶杀等恶性案件时有发生。中国公民到马应注意自我保护，如遇突发事件可向警方报案或与我驻马使领馆联系。

（2）不要轻易相信他人。持普通签证来马的旅客不可轻信本地非法代理蛊惑，非法滞留在马找工作。根据马法律规定，持普通签证者不能在马工作，一旦被警方发现，将会面临坐牢或严厉的经济处罚。

（3）避免去偏僻的地方。路过人迹较少的地下通道、车库、高楼楼梯或过街天桥时要保持警觉，注意周围行人，以免遇险无助。

（4）妥善管理好个人旅行证件，不要将护照交给他人保管。贵重财物最好分散携带。

（5）增强自我保护意识，做到处变不惊，灵活机智地处理问题。如果发生意外，在能自救的情况下应在第一时间到警察局报案或设法与使领馆联系。

## 综合分析报告：马来西亚汽车业投资分析

### 一、马来西亚汽车工业概况

马来西亚汽车工业从无到有经历了三个阶段。一是20世纪60年代前的汽车整车进口阶段。二是20世纪60年代至80年代的散件组装阶段。三是20世纪80年代后民族汽车工业起步发展阶段。马来西亚民族汽车工业起步的标志是1985年设立普腾（PROTON）汽车公司。经过20年的发展，马来西亚汽车工业日趋成熟。马来西亚国产车从造型设计、规模化生产以及零配件的生产配套均已实现国产化。国产车的产能和销量在马汽车工业中占绝对比重。2005年，马来西亚国产车和组装车的总产量为55.1042万辆。其中轿车总产量为45.116万辆，商用车6.7647万辆，四轮驱动车1.5983万辆，其他1.6252万辆。普腾汽车公司和马来西亚第二国产车厂生产的轿车占轿车总产量的82%，生产的商用车占商用车总产量的28%。

### 二、马来西亚汽车市场情况

马来西亚是东盟地区最大的轿车市场，也是进军东盟其他国家的门户和跳板，越来越被世界汽车企业家看重，已经成为“兵家必争之地”。日本丰田、本田、日产，韩国起亚、现代，德国奔驰、宝马，瑞典沃尔沃等世界知名汽车厂家已纷纷落户马来西亚，中国的奇瑞、吉利、东风、长安、大地、哈飞等汽车公司也已开始进入（目前尚无销售业绩）。1980年，马来西亚汽车销量9.73万辆，1994年突破20万辆，2000年上升为34.3万辆，2001年39.6万辆，2005年达56.3408万辆。截至2005年底，马来西亚各种车辆拥有总量超过1,500万辆。据马来西亚泛马银车业总会估测，2006年马、新、泰、印尼四国的汽车市场200万辆，其中马来西亚60万辆。

## 三、新汽车政策内容

近年来，马来西亚国产车取得了很大发展，但面临的竞争越来越激烈，国产车所占的市场份额呈下降趋势。为继续保护国产车市场，加快发展本国的汽车组装业并成为东南亚的汽车组装生产中心，马政府于2006年3月22日公布了新的国家汽车政策，主要措施如下：

1. 简化国产税税务结构，增加车辆定价透明度。改革后的汽车税务结构依然包括3种税：进口税、国产税和销售税。所有车辆（排气量200cc以下的摩托车除外，其销售税为零）的销售税统一下调为10%；国产税按车型和排量征收，不再分东盟和非东盟、整装进口和散件组装区别征收。其中，排量1800cc以下的轿车国产税从90%下调为75%，排量1800~2000cc的轿车国产税从120%下调为80%，排量2000~2500cc的轿车国产税从150%下降为90%，2500~3000cc的轿车国产税从200%下降为105%，排量3000cc以上的轿车进口国产税由250%下调为125%。面包车、四驱车以及摩托车的国产税率均不同程度地降低。

2. 核定进口车辆征税基数，防止低报漏税。马财政部依据一定标准核定每种进口汽车的CIF价作为计征税务的基数，在网站上公布，以利国民监督。

3. 降低进口关税，加速与东盟各国汽车工业的融合。自2005年3月22日起，自东盟国家进口整车进口税一律从原来的20%下调为5%。非东盟的整装进口轿车、面包车、四驱车进口税由50%下调为30%，巴士、货车、摩托车的整装进口税也由35%~50%统一下调为30%。就进口组装车而言，马来西亚自2005年1月1日开始就对来自东盟的组装车实行零关税政策，对非东盟地区进口的组装轿车、旅行车、四驱车及排量大于200cc的摩托车征收10%的进口税。

4. 设立工业调整基金，扶持汽车工业发展。该基金主要用于扶持对经济做出突出贡献的本地或进口组装车厂以及特殊的研发项目。

5. 控制发放新汽车生产准证，保证消化国内过剩产能。新政策规定，在马国内车辆产能过剩问题未得解决之前，不再发放新的汽车生产准证；现有产能过剩的组装厂不得将产能转移给第三者用以组装与国产车直接竞争的车款、车型；新上组装线必须经过严格的个案处理方能批准。

6. 控制发放汽车进口准证，确定废除准证期限。马政府宣布，2010年12月31日，现行的进口汽车准证制度将被废除。过渡期内，进口准证优先发给汽车出口量大的公司用以进口样车以及国内不能组装的车型。二手车辆（个人自用除外）也将于2010年12月31日起停止进口。

7. 严控准入车辆技术标准，确保车辆安全环保。马来西亚政府要求所有进口车辆必须符合路检、安全以及尾气排放标准，全面实施汽车种类许可程序（Vehicle Type Approval），防止引进和销售不达标车辆。

**四、新汽车政策具有明显的非关税壁垒特点**

新汽车政策出台，有利于控制整车进口、加快本地组装产能整合及促进进口汽车组装业发展。政策公布后，马国产车和进口组装车价格平均下调了7%，整装进口车价格微幅上涨。马主要进口汽车组装公司如森那美集团已宣布停止进口整车而改为当地组装。表面上看，马来西亚根据WTO规则要求及对东盟自贸区的承诺，全面开放了汽车市场。实际上新汽车政策仍在很大程度上保护国产车，具有非常明显的非关税壁垒色彩，对国外汽车厂家尤其是中国厂家的进入，阻碍尤其明显。

1. 新汽车政策提出，国内汽车产能过剩问题未得解决之前，马政府不再向业者发放新的汽车生产准证。这为拟新进入马汽车市场的国外厂家尤其是中国汽车厂家设置了无限期的准入障碍。现有产能过剩的组装厂也不得将产能转移给第三者用以组装与国产车直接竞争的车款、车型。此举实际上是保护现有组装厂、限制新增装配能力。

2. 马贸工部在批准汽车组装生产准证时，限定汽车内外销比例，要求至少80%车辆出口。中国奇瑞和吉利汽车已获准进口部分整车及在马组装小排量汽车，但排量1300cc和1500cc的组装车被限定必须100%出口，排量1000cc以下车辆及排量1600cc的车辆必须80%出口。早期进入马汽车市场的日韩等厂家未有此限制，马方此举疑是专门针对中国车。

3. 马财政部核定进口汽车计税价格偏高，迫使进口整装车提高市场售价，在马市场上变得毫无竞争力。以长安汽车SC6350（1000cc）为例，最初马海关核定进口计税价为1.2万林吉特（相当于在中国售价），3月22日，马财政部重新核定价格为3.4万林吉特，加上关税、销售税及营销费用和利润，市场售价9万林吉特以上，高过马市场上任何一款同排量的汽车价格，长安整装进口汽车根本无法在马销售。

4. 马陆路交通局只承认欧盟的车辆碰撞检测结果，其他国家包括中国的车辆碰撞检测标准一概不予承认，此举将延缓国外车厂的进入步伐。

**五、中国汽车进军马来西亚须注意的几个问题**

1. 选好合作伙伴。配合马政府整合国内组装产能的导向，选择与现有的装配能力过剩的大公司尤其是有政府背景的大公司合作，以获得马来西亚政府的政策支持。

2. 采取灵活多样的合作方式。初期可采取输出零部件在马组装并以现有马国产车品牌出售，或进口整车销售；条件成熟后，可采取CKD在马组装，并以自己的品牌在马及东盟国家销售。

3. 重视和提高出口车辆品质。中国车在马来西亚的主要竞争对手是日本车和韩国车，要想在市场上赢得一席之地，还需进一步提高车辆品质，以增强消费者的信心。

4. 加强中国车辆碰撞检测机构及国家标准的宣传力度。主动与欧盟及东盟等国家的政府部门加强沟通和宣传，争取它们认同中国的碰撞检测标准。

5. 规范行业出口秩序，协调来马投资及销售汽车厂家，避免在马自相恶性竞争。

6. 从政府层面向马方交涉我汽车厂家在马投资内外销比例受限及进口征税基数过高等问题，争取等同于日韩车厂的国民待遇，以利于平等竞争。

## 小贴士1

### 如何在马来西亚使用银联卡？

如今，人们的消费观念已经越来越现代化，刷卡消费就是目前在中国相当盛行的新型消费形式，那么，如果你将远赴马来西亚，是否想过，在马来西亚刷中国银联卡可能会与在国内不同呢？

一般来说，银联卡分为借记卡和信用卡两大类，方便、安全、快捷的特点及个性化服务使其成为出国消费的最佳金融工具。目前，银联卡的受理网络已经覆盖到大多数中国公民出境目的地国家和地区，并将进一步延伸到世界更广泛的地区，争取实现“中国人走到哪里，银联卡就用到哪里”。使用常识如下：

**（一）行前核查**

赴马来西亚之前，请检查您的银联卡正面是否印有“银联”标志。如果没有，请到具体发卡银行申请换领新卡。不论借记卡还是信用卡，请在卡片背后的签名条上签名。为确保受理，请事先咨询发卡银行是否已开通马来西亚用卡服务。

**（二）使用范围**

目前，马来西亚贴有“银联”标志的商店和自动取款机（ATM）均可受理银联卡。部分商店可能没有张贴“银联”标志，您也可以主动询问商店收银员，能否通过银联网络使用银联卡。银联卡不能在马来西亚进行银行柜面转账和提现，不能通过商户POS终端提现。

目前马来西亚花旗银行的ATM机可受理银联卡，还将有多家银行陆续开通银联卡取现业务。

**（三）兑换汇率**

中国银联将根据交易当日的市场汇率，转换成人民币金额提供给发卡银行，即时扣除持卡人的账户余额。

**（四）取款限额**

马来西亚受理银联卡的ATM机采用插卡或刷卡方式取款。每卡每日累计取现不得超过等值5,000元人民币的马来西亚林吉特现钞。

**（五）收费标准**

商店刷卡消费，持卡人无须支付任何手续费（消费金额即为刷卡金额）；ATM取款将收取手续费，具体收费情况请咨询发卡银行。

**（六）使用及故障处理**

商户刷卡购物，请在签购单上签名；收银员核对签购单与卡片背面签名是否一致；不论借记卡还是信用卡，刷卡时需要输入密码。卡片若无密码，请直接按确认。

遗失卡片请立即致电发卡银行进行口头挂失，回国后再办理相关书面手续。当ATM发生故障，持卡人操作失误或忘记取卡时，ATM会自动吞没卡片。自吞卡日起3日内（与节假日顺延），请持有效证件（护照、居民身份证等）到吞卡ATM所属网点办理领卡手续。3日内未按规定领卡，卡片将被销毁，持卡人请在回国后申请补发卡。若发生取现时账户扣账但ATM未吐钞，或消费时多扣账户金额，持卡人回到国内之后，请向发卡银行申请错账处理。若对业务受理进行投诉，持卡人可直接和内地所属发卡银行联系。

银行卡涉及您在异国他乡维持生活的最基本资金等问题，所以，在对待银行卡的问题上，务必谨慎处理。

## 小贴士2

### “我的第二家园”计划

“马来西亚：我的第二家园”计划是马来西亚政府推广的官方计划，该投资定居计划非常适合那些需要定居或频繁前往马来西亚的人士。由于该计划一次申请十年有效，可以免去许多签证的时间和费用。其申办手续简单，无年龄限制，无英语要求等成为吸引中国人的主要因素，此外，中马两国的文化背景相似，中国申请者参加此计划，最容易被当地社会接受，能很快融入当地社会。

**（一）只需在该国存人民币30万元**

据介绍，根据该投资定居计划，外国公民持第二家园长期签证可以在马来西亚居住、工作、开办公司、就学或享受退休生活。此计划与其他一些国家的投资移民计划不同，申请人无需购买移民基金或房产，只需在马来西亚境内存有不少于人民币30万元的存款或提供收入证明即可获得马来西亚十年居留权（包括配偶以及未成年子女），在享受存款利息的同时，无限制出入该国，并可免税购买或带入一辆汽车，亦可带一位家庭帮工随行。另外，持第二家园长期签证的外国公民还不必受外籍人士不得在马来西亚购买房产的限制，无需审批即可购买两处永久产权的房产。

**（二）第二家园居留证持有者享有的部分福利**

出入境的自由：居留证持有者将可拥有马来西亚的身份证，可以进出马来西亚的国境。除此之外，居留证持有者可在马来西亚逗留任何的期限；可随意居住在马来西亚或您的祖国。当然，您将不可以申请马来西亚的永久居民权，因为您将可以无限期地更新您的居留证（须符合有关条件）。

双亲的特别签证：居留证持有者的双亲，如果年龄超过60岁，将可以一同到来马来西亚。他们可以获得特别的六月期限签证，并可更新至居留证的十年期限。

税务：居留证持有者必须遵从该国的税务政策、系统以及法律，且不可享有各国外交人员所拥有的税务豁免权。然而，自2004年起，个人所有源自外国的收入，都可享有免税优惠。

购置汽车：每位居留证持有者都可以把一辆私房车带进马来西亚使用，或可购买一辆在马来西亚装配的汽车，并享有豁免入口税、地方消费税以及销售税等优惠。此项优惠必须自获得居留证的六个月内向马来西亚财政部提出申请。（注：在获得居留证前注册的私房车方可引进马来西亚。）

教育：若申请者子女小于18岁，便能以受抚养人的身份来该国。申请者可在获得居留证一年后提取六成至八成作财力证明的定期存款，来支付孩子的教育费。（如果居留证是该国沙捞越州所发出的，将不可提取任何定期存款。）

**（三）申请条件**

财政需求：成功申请者必须在获得了来自该国移民厅的条件批准信后，符合一些财政标准，例如在该国任何一所银行开设每五年自动更新的定期存款户口；或证明拥有受该国政府承认的海外收入至少每月马币10,000元，如退休金等。

文件需求：需提供个人详细资料，包括到该国的目的、各类公文如银行报表、工资单、养老保障单等，都均须准备妥当并附上经过认证的英文副本以便申请顺利通过。

健康需求：拥有良好的健康，必须能够到该国进行健康检查。申请者不得带有艾滋病毒或肺结核等传染病。申请者还必须在该国取得有效的医疗保单。然而，如果是因为年龄问题而不能获得保单，将可以申请豁免此需求。

其他需求：申请人不可以是在马来西亚移民条规下不许入境的人士。申请人不可以拥有马来西亚籍配偶。有意在马来西亚沙捞越州居住的申请人，年龄必须超过60岁，并须符合特别的财政需求。

（具体移民信息请以马来西亚官方移民机构公布的为准。）

本文转摘自出国之家http://www.chuguohome.com

# 第六章
# 中马关系

## 本章导读

☆中马往来历史源远流长，早在马六甲王朝时双方就有密切往来。1974年中马正式建立外交关系，新世纪中马关系迅速发展。马来西亚是中国在东盟国家中最大的贸易伙伴，2009年，中国也首次跃升为马第一大贸易伙伴。未来中马关系前景广阔。

# 第一节　中马关系的过去

马来西亚位于东南亚地区中部，南临新加坡、北接泰国，并与印度尼西亚接壤，扼制马六甲海峡等重要通道，从交通条件和自然资源上对东盟大市场起到重要影响。中马往来历史源远流长，早在马六甲王朝时双方就有密切往来。

## 一、公元1—15世纪

公元1—15世纪初，马来半岛南部地区尚无统一国家。据中国史籍记载，公元1—7世纪，在马来半岛南部出现一些邦国，如狼牙修、羯茶、丹丹等。汉代以后，这些小邦国与我国的交往增多，并建立了官方关系。据《梁书》记载，梁武帝天监十四年（公元515年），狼牙修国派遣使者到中国修好。此后，狼牙修国多次遣使中国。《梁书》还记载：丹丹国在梁武帝大通元年（公元527年）、大同元年（公元535年）两次遣使中国。中国的隋唐时期，丹丹国又多次派遣使者到中国，向中国朝廷献当地特产。尤其在公元5世纪中叶至7世纪初的100多年间，这些邦国不断遣使到中国，与中国建立了友好关系。

中国则早在三国时期（公元220年），就有吴国使者朱应、康泰奉命出访南海诸国之事，其中也包括马来半岛的国家。到唐代（公元618—907年），中国的海外贸易逐渐发展，与马来半岛和婆罗洲的国家交往增多。据清代蔡永蒹所著《西山杂志》记载，唐时福建泉州已有很多商人“竞相率渡海”，前往渤泥（今东马沙巴、沙捞越一带）贸易，有的还在当地定居，与当地居民通婚。7世纪中叶，苏门答腊岛上的室利佛逝国兴起，其势力范围包括马来半岛南部的大部分领土。唐王朝册封了室利佛逝国王。唐代的商人、赴印度求经的僧侣常在室利佛逝的属国羯茶停留。唐代著名高僧义净，在从海路赴印度求经途中，往返都须经过羯茶。宋代时，马来半岛南部的国家和婆罗洲的一些国家仍是室利佛逝的属国。《宋史》记载，从公元960—988年的20多年间，室利佛逝国曾8次派遣使者到中国，与中国有密切的交往。

考古学家发现，在今日马来西亚沙捞越州尼亚群洞壁画中的铜棺葬，与我国广西、贵州、四川战国时期的铜棺葬颇为相似。而在彭亨州的淡美岭河曾发现我国汉代的铜鼓。沙捞越州沿海曾出土一批刻有汉字的钱币、铁刀和铁钩。此外，在马来西亚各地还发掘出大量唐代青釉瓷碎片、唐镜和中国汉代的陶瓷器。这些发现证实，早在公元前2世纪至公元前1世纪，已有中国人到达马来半岛南部及婆罗洲北部，并将中国的器物带到了这些地区。

15世纪初，室利佛逝王朝的王子拜里米苏拉在马来半岛建立了马六甲王朝，这也正是中国的元明时期。该王朝成立后与中国建立了更为紧密的联系，并鼓励华人移民。从此，华人真正在马来半岛聚居，并对当地的经济发展作出重要贡献。双方在贸易、政治、文化上的往来也更加密切。

在马六甲王朝全盛时期，马六甲是闻名于世的港口和经贸中心。随着中国造船和航海技术的发展，中国派往南海诸国的使者和前往海外贸易的商人增多。华人带来了大量的中国产品，如丝绸、铜和铁器皿、瓷器和大黄到马六甲交换印度的纺织品和东南亚的香料、樟脑、檀香木、麝香、珍珠、巴迪布及地毯。马六甲逐渐演变为华人在东南亚的贸易中心和中国帆船贸易集中的港口。

1405年，马六甲苏丹拜里米苏拉（Parameswara）率500名随从搭尹庆使臣的船赴中国觐见皇帝。明成祖封拜里米苏拉为满剌加国王，赠予诏书和诰印，并应拜里米苏拉要求刻一镇国石碑。该碑由郑和于1409年用船载到马六甲，立于三宝山上（该碑现已下落不明）。郑和七下西洋，五次驻节马六甲，同当地人民友好交往和互利通商。1411年至1433年，拜里米苏拉及其子孙曾多次访问中国。据马来纪年记载，明朝皇帝把汉丽宝公主嫁给苏丹曼速沙（Sultan Mansor Shah，1458—1477），并派500名宫女随从公主定居在一座山上，该山称为Den China，意为华人区。现在Bukit China即源于此。由于郑和多次在此驻足，所以华人将之称为三宝山。

## 二、西方殖民统治期间（1511—1956年）

1511年，葡萄牙殖民主义者侵占了马六甲。马来亚逐步沦为西方殖民主义者的殖民地，并先后被葡萄牙（1511—1641年）、荷兰（1641—1795年）、英国（1786—1941年、1945—1957年）和日本（1942—1945年）殖民统治，长达446年之久。在此期间，中马两国虽未建立外交关系，但双方却在一定程度上有过往来，尤其是华人对马来西亚的现代化进程起到重要作用。

## 三、葡荷殖民统治时期

这一时期，马六甲的华人规模很小，但在当地已经建立起自己的社会和宗教活动中心。最能反映华人对当地的影响的是甲必丹制度（1512年）和青云亭的设立。甲必丹是家父长制和共同体体制。这是欧洲势力东渐，对于殖民地采用的“分而治之”和“间接统治”的方式，尽量利用原有传统的权力结构治理殖民地，并以不改变传统习俗为原则。很多富有的华商出任华人甲必丹，成为殖民者统治的工具，这种统治方式和中国的帝王制度极为类似。青云亭则是1673年由华侨甲必丹郑芳扬和李为经创立，是当时华人社会和宗教活动的中心，他们也成为中国文化和思想在马来西亚最早的传播者。

## 四、英国殖民统治时期

1786年，英国在槟榔屿建立第一个殖民基地，并逐渐扩张到马来亚全部。由于殖民开发对劳动力的需求剧增，英国从中国大量引进苦力华工，所以华人在当地的人口数迅速增长。第二次鸦片战争期间，英国在广州的占领辖区内设立招工公所，强迫中国地方当局承认其合法性，“苦力贸易”从此走向合法化和规模化。

在经济活动上，华人在当地的经营范围更为广泛，从原来的商业、农业和矿业延伸到几乎所有行业，其中以商业和转口贸易、种植业、锡矿业和银行业最为主要。在贸易方面，一些成长于马六甲的华人充当了重要的“中间人”角色。他们具备英语、马来语、福建方言等语言能力，并熟悉西方文化，所以逐渐发展为商业代理人，提供贸易服务；第二次世界大战后有财力的华商则自行从事进出口贸易活动，直接与外国公司交易。在种植业方面，马来亚华人主要以港主制和包种制经营。自19世纪40年代开始，华工大量涌入西海岸的锡矿区，华商以海峡殖民地为基础向锡矿业进行投资。这些资本和劳动力，以及华商先创的公司制和贡纳制的生产方式促进了马来亚锡矿业的发展。在银行业上，1903年广东籍华人黄亚福在新加坡创立了马来亚第一家华人银行——广益银行。

此外，在20世纪初，1900—1920年间，在马来亚陆续有许多中华总商会成立，其中影响最大的是1906年成立的新加坡中华总商会。其初期的最高领导层中，大多数是清政府的保皇派或保守派的著名人物，并采用清政府农工商部制定的商会法。

随着华人数量在马来亚的扩大，华人政党产生并对马来亚政治起到一定影响。1906年孙中山领导的同盟会在新加坡设立分会，1912年8月13日中国国民党成立，同年12月即在新加坡成立支部。1924年1月，国民党海外部成立。1925—1930年间，马来亚国民党虽受到英国殖民政府的压制，但在马来亚华人社会中仍然形成了一股强大的政治力量。这也推动了华文教育的发展，并在当地掀起了中国政治意识的文化思潮。1940年11月14日，国民党中央海外部长吴铁城访问马来亚各地，同时英国殖民政府由于受到日本势力的入侵，对中国政府采取合作态度，这大大提高了当地国民党人参与爱国救亡运动的积极性。

除了国民党外，马来亚也掀起了共产主义热潮。它始于20世纪20年代中。在中国共产党派来的代表的协助下，南洋共产党于1928年成立，并在1930年4月重新组建为马来亚共产党。1934年之后，马共活跃在各类捍卫人权和祖国独立的活动中，如1934年4—5月成功组织了马来亚第一次全国总罢工运动，并以胜利告终。1937年“七七事变”，抗日战争爆发，马共参与了抗日运动，反对法西斯的侵略，并高举反英帝国的旗帜，第一次提出一个“马来亚民主共和国”的纲领。

虽然马来亚国民党和共产党在当地华人中影响力较广，但当地华人的各类活动基本上是中国政治的延伸，关注当地政治较少。因为华人处在英国殖民者和苏丹的双重统治下，政治地位很低，所以华人在当地政治作用不大。中国和马来亚官方政治来往也很少。

## 五、日本占领时期

1942年2月15日至1945年8月15日，马来亚在日本占领下沦陷3年6个月之久。其间华人沦为马来亚社会的最底层，但也成为最重要的抗日力量。1942年1月1日，马共领导下的马来亚人民抗日军第一独立队成立，其后相继成立了3支，成为马来亚人民抗日武装力量的基础和主力。此外，中英两国政府还联合组织了136部队加入马来亚抗日战争。同时，华人还自发地动用自己的粮食、财物、住所等为抗日运动提供支持和援助，为中马两国友谊的发展奠定了基础。

日本的占领既破坏了英国在马来亚建立的殖民统治制度，还在当地推行垄断经济政策。日本企业在马来亚设立分公司，这在一定程度上降低了华人在当地的经济地位。比如对马来亚的锡和橡胶，日本实行毁灭性的开采；此外，还控制并垄断物资流通。

日本的占领还加深了马华两族的矛盾和冲突。日本在占领期间，对马来人和华人采用不同的政策，如拉拢马来人，打击镇压华人等。所以在战争结束初期，马来亚各地爆发了马华流血冲突。

## 六、马来亚联邦独立之后（1957—1974年）

第二次世界大战后马来亚人民通过积极的斗争与争取，于1957年8月31日摆脱了英国的殖民统治而取得独立。但受世界格局的影响和中马两国各自所处的立场条件的制约，中马关系经历了相当曲折的发展历程。

1957年马来亚宣布独立，中国国家领导人立即致电祝贺，并表示愿意与其建交，但却得到充满敌意的答复，马来亚政府仍继续严厉推行与中国隔绝的政策。在当年召开的联合国代表大会上，马来亚代表反对中华人民共和国恢复在联合国的合法席位，并表示不会改变对中国的强硬立场。

而这种态度的形成与中马两国在当时世界格局下形成的国际身份有着密切关系。马来亚在独立后，从一个英国殖民地变为独立的民族国家，但仍是西方眼中的所谓的“自由和民主国家”的一员，被纳入英美联盟体系；并且马来亚对英美等西方国家在经济和安全上具有很大的依赖性。马来亚与英国在1957年签订了《马英防务协定》，在1970年协议才终止。另一方面，中国的国际身份也发生了重要改变。在建国初期，受到冷战、第二次世界大战后连续爆发的战争以及西方国家对新中国的政策等因素影响，中国把自己定义为以苏联为首的社会主义阵营的一员。两国政治立场的不同，严重阻碍了双方的来往。

1963年9月16日，马来亚联邦同新加坡、沙捞越、沙巴合并组成马来西亚联邦。当时印尼在苏加诺总统的领导下，认为北加里曼丹（即沙捞越、沙巴）同印尼领土接壤，并入马来西亚对印尼国家安全是一个威胁，因此对马来西亚采取了对抗政策，积极支持北加里曼丹争取独立反对马来西亚的斗争，指责马来西亚是“新殖民主义的产物”。中国积极支持印尼对抗马来西亚，同意马来西亚是“新殖民主义的产物”的观点。所以当时中国报刊在提及马来西亚国名时都加上了引号。同时，中马两国当时的贸易也仅限于民间的间接贸易，主要经过新加坡和香港转口进行。

1965年印尼发生的“九三〇”事件导致苏加诺下台，苏哈托上台。1967年10月中国和印尼关系中断。马来西亚总理拉扎克则在1970年9月在卢萨卡举行的不结盟国家首脑会议上提出：在美国、苏联、中国三大国的保证下，实现东南亚地区的中立化。但在三大国中，马来西亚尚未同中国建交，于是马来西亚在东盟国家中率先考虑改变对中国的政策，期望同中国建立正常的国家关系。

1970年底至1971年初，马来西亚首都吉隆坡及其他几个州发生了40年来最严重的水灾。为了打开中马关系，周恩来总理亲自以中国红十字会名义向马来西亚红十字会发出慰问电，并向灾民捐赠价值50万元人民币的救济物资。这一举动很好地促进了中马人民的友好情谊，中国政府也开始认同马来西亚联邦的国际身份。

1971年5月，马来西亚政府派出以东姑·拉扎利为首的贸易代表团参加中国进出口商品交易会，并访问北京。拉扎利向中方转达了拉扎克总理的口信：中马建交时机已到，并认为实现中马建交的三个步骤是：（1）通过民间往来，增加相互了解；（2）发展两国贸易；（3）正式建交。5月15日，周恩来总理和李先念副总理会见了该代表团。周总理强调指出，任何一个国家的事情只能由那个国家的人民自己解决，别的国家不能干涉；中马两国政府应促进人民来往，以推动两国关系发展；相信两国相互承认的时刻很快会到来。在接待该团时，中国开始正式使用马来西亚国名，并公开见诸报端，表明了对马来西亚的实际承认。

1971年6月，马来西亚取消了对中国的橡胶禁运措施，8月中国派国际贸易促进会代表团访马，两国就某些商品的直接贸易达成了协议。所以从1971年起，两国贸易不断增加。据统计，1950—1970年，双边贸易累计额为4.6563亿美元，年平均为2,217万美元。1971—1977年中马双边贸易从2,780万美元增至1.9974亿美元，增长6.2倍。

1974年5月28日至6月2日，应周总理邀请，拉扎克总理访华。尽管当时周总理已身患重病，仍在28日晚主持了欢迎宴会，并于29日同拉扎克进行了会谈。29日，毛主席会见了拉扎克。5月31日，周总理和拉扎克总理在人民大会堂正式签署了中马建交公报。从此中马经贸关系进入一个新阶段。

同时，马来西亚华人也在当地进入一个新的时代。华人参加马来西亚政治活动的范围不断扩大，程度也不断加深，并且在遵守法律的前提下，采取民主的方式参与政治活动。1957年11月14日，作为华人最大政党的马华公会发起全面性华人申请公民权运动，通过各地华人商会、社团，协助处理华人居民申请及宣誓成为公民的手续。这一年，约有100万华人获得公民权。华人资本对马来亚的现代化发展也起到关键的促进作用。1970年，华人资本增至11.88亿马元，成为马来西亚民族资本的主体。此外，华人在制造业的投资增加。到1968年，西马共有9,013家制造业企业，除了545家为外国资本所有，其余均为当地民族资本所有，绝大多数为华人资本。华人企业集团开始形成，并在进口代替工业化战略中发挥重要作用。如郭鹤年的郭氏兄弟集团、林梧桐的云顶集团等，奠定了日后成为大型企业集团的基础。

## 七、中马建交30年纪元（1974年—21世纪初）

中马于1974年5月正式建交，在两国政策、世界格局等多因素的影响下，中马关系经历了曲折发展。两国关系发展的特点可以概括如下：（1）从低的、受限制的关系逐步向高的、开放的方向演变。两国关系得到不断巩固。（2）开放、互信和理解取代了两国关系正常化初期的恐惧、怀疑和谨慎。（3）两国的合作在不断地加强与深化。（4）两国关系的发展进程顺利，没有遭受严重的挫折。

**政治**

在建交初期，受到两极对峙的国际格局，以及冷战思维下的意识形态影响，中马关系并不密切。虽然中马两国相继开展了一定的经济政治交流活动，但在20世纪70年代初的两国身份并未发生实质性的变化。出于对涉及自身安全利益的种族和意识形态问题的考虑，马来西亚对中马关系仍持谨慎与怀疑的态度。

20世纪80年代末，中马两国间种族和意识形态的固有负面因素不断淡化，在相互信任、共同的外交和经济利益的基础上，两国在政治、经贸、教育和文化等领域的交流和合作全面展开。中马两国高级领导还多次进行互访。国家主席江泽民（1994年）、国家院总理李鹏（1990、1997年）、国务院总理朱镕基（1999年）、全国政协主席李瑞环（1995年）、国家副主席胡锦涛（2002年）、全国人大常委会副委员长姜春云（2002年）、国务院副总理李岚清（2003年）等分别访马。马前三任最高元首阿兹兰（1990、1991年）、贾阿法（1997年）和萨拉赫丁（2001年）先后访华。前总理马哈蒂尔和下议长扎希尔在职期间也多次访华。这对双边关系的发展产生了重要推动作用。

1990年12月10日，马哈蒂尔在一项公开演讲中，以“相互信任”来形容马来西亚与中国的关系。冷战后，随着中国实力的不断增强，中国积极塑造“负责任大国”形象。针对西方国家大肆宣扬的“中国威胁论”，马哈蒂尔率先多次发表谈话加以批驳，并认为中国的经济发展为各国提供了机遇，是亚洲振兴的希望。

为了扫清中马交流与合作的主要障碍，促进中马两国民间关系的发展，马来西亚政府采取了各种积极措施。如1990年最终取消马来西亚国民赴华的诸多限制；1993年允许所有旅行社经营中马观光团；1994年3月，马哈蒂尔总理特别训令移民厅，以更开明的态度处理社会主义国家特别是中国公民申请前往马来西亚投资、探亲以及旅游的入境签证。

中国政府也积极和马来西亚政府协调和配合，在很多国际问题上都达成了共识，如反对强权政治，共同维护发展中国家权益；人权与民主标准；发展中国家贸易和投资自由化；改革国际金融体系等。1998年9月以来，马来西亚政府因发生“安瓦尔事件”和采取“资金管制措施”而受到美国为首的外国政府及内外舆论的猛烈抨击，外交处境颇为孤立。中国政府在多个场合明确了不干涉他国内政，尊重他国选择符合本国发展道路的主张。这种态度得到了马来西亚政府的佩服，也是对其莫大的支持。1999年8月马哈蒂尔总理访华指出，两国经常努力维系彼此之间的友好关系，同时照顾两国之间的思想体系与主权完整，正是这种务实的立场，使中马关系得以持续，并为两国的关系带来利益、持久与和睦。此外，中国对马来西亚积极参与地区和国际事务，在国际事务中反对强权，伸张正义，积极推动第三世界国家共同发展的立场和态度表示赞赏和支持，并先后参加了由马来西亚主办的东盟—中国、日本、韩国首脑非正式会晤、亚太经合组织第六次领导人非正式会议；双方在东盟、东盟地区论坛、亚太经合组织、亚欧会议、联合国等多边场合加强磋商与合作，共同为亚太地区的和平稳定和繁荣做出积极贡献。

**经贸**

随着20世纪70年代末中国实行对外经济开放政策和马来西亚加速工业化进程，两国经贸关系迅速发展，合作领域不断扩大。自1974年中马建交以来，两国共签署《避免双重征税协定》等10多个经贸合作的双边协议或谅解备忘录，涉及贸易、投资、交通、资讯、科技、金融等领域。这些协定或谅解备忘录，绝大多数涉及双边的经贸合作领域。同时，它也为中马经贸合作提供了框架。1988年，两国成立经济贸易联合委员会，2002年，双方成立中马双边商务理事会。

这一系列双边协议分别是：《避免双重征税协议》（签订于1985年11月23日）、《海运协定》（1987年9月9日）、《航空服务协定》（1988年3月31日）、《贸易协定》（1988年4月1日）、《投资保障协定》（1988年11月21日）、《建立经济及贸易委员会协定》（1988年11月22日）、《资讯谅解备忘录》（1992年3月）、《科技及工艺合作协定》（1992年7月）、《体育协定》（1993年9月）、《教育谅解备忘录》（1997年6月）、《迈向21世纪全方位合作的马中合作纲领》（1999年5月31日）、《文化合作协定》（1999年11月23日）、《关于在对方领土设立银行的谅解备忘录》（1999年11月23日）等。

中马两国都是发展中国家，两国都致力于发展本国经济。两国经济和贸易合作迅速发展，是双边关系发展中的一个亮点。中马经济互补性强，两国产品在对方市场适销对路，这为双方大力发展互通有无的贸易提供了有利条件，促使双边贸易连年大幅度增长。冷战后马来西亚对华贸易基本维持增长势头。自1987年起两国贸易每年均保持着两位数的增长速度，并不断创下双边贸易额的新纪录。和建交初期比较，20世纪90年代末中马贸易不仅在贸易规模上迅速扩大，而且在贸易结构上也发生了显著变化。20世纪70年代初至20世纪80年代中期，中马贸易的内容主要是由中国出口粮油食品、农副产品、轻纺工业制品换取马来西亚的橡胶、木材、胶合板、棕油等初级产品。从20世纪80年代末期起，中国向马来西亚出口的机电产品比重逐渐增加，至1997年机电产品已占出口的36.2%，工业制成品所占比重则已超过对马出口总额的70%。马来西亚的工业制成品也开始进入中国市场，并显示出较强的竞争力，其比重由1988年的8%升至1992年的23.9%和1997年的54.8%。中马贸易结构的这一变化，说明中马贸易正在向高层次发展，并不断拓展新的领域。

表6-1 1978—1999年中国与马来西亚的贸易额（单位：亿美元）

| 年份 | 贸易总额 | 中国出口 | 中国进口 | 差额 |
|---|---|---|---|---|
| 1978 | 2.74 | 1.63 | 1.11 | +0.52 |
| 1980 | 4.24 | 1.84 | 2.40 | –0.76 |
| 1985 | 3.68 | 1.82 | 1.86 | –0.04 |
| 1990 | 11.76 | 3.41 | 8.35 | –4.94 |
| 1995 | 33.46 | 12.81 | 20.65 | –7.84 |
| 1996 | 36.14 | 13.71 | 22.43 | –8.72 |
| 1997 | 44.15 | 19.20 | 29.95 | –5.72 |
| 1998 | 42.60 | 15.90 | 26.70 | –10.80 |
| 1999年1—9月 | 36.20 | 11.50 | 24.70 | –13.20 |

资料来源：中国海关统计。

冷战后马来西亚对华投资的增长尤为明显。据统计，1984—1990年马来西亚对华实际投资总额为240万美元，而1991年一年就投资196万美元，1994年对华投资更突破2亿美元，投资最多的为1996年4.5亿美元。截至1998年底，马来西亚在中国的直接投资项目共1,777个，协议金额42.87亿美元，实际投入17.59亿美元。马来西亚对中国的投资涉及多个行业，并由原先的机械制造、电力开发、橡胶、食品加工、化妆品、家具及饲料等行业，逐步扩展到电子器件、能源、金融、保险及商业零售等领域。1999年，马来西亚已有70多家上市公司到中国投资设厂。马来西亚著名的企业纷纷在中国投资，如郭氏兄弟集团、金狮集团、丰隆集团、成功集团等企业集团在华均有较大的投资项目。另外，两国在金融方面的合作也顺利开展。2000年，中国银行和马来亚银行分别在吉隆坡和上海互设分行。2002年10月，中国人民银行与马来亚国家银行签署了双边货币互换协议。

**旅游**

1990年9月，随着中马经济、文化交流的增多，马来西亚政府宣布取消马来西亚公民访华的年龄限制，对中国公民访马的限制也有松动。马来西亚赴华人员与日俱增，马来西亚成为中国旅游市场的主要外来客源之一。根据中国公安部的资料，1993年马来西亚来华为16.8万人次，在外来客源中排名第6位；1996年为29.8万人次，超过新加坡的28.6万人次，紧接日本、韩国、俄国、美国之后，成为中国第五大海外客源国；到1998年达到30万人次，在访华最多的外国人排行榜中居第7位。同时，中国公民访马的人数也逐年增加。1994—1998年马来西亚驻华使领馆发出的签证分别为10.6878万份、16.456万份、22.7543万份、22.284万份、26.495万份。

**教育**

长期受种族问题困扰，中马教育合作在20世纪70年代到80年代都没有实质性的进展。1996年9月，中国国家教委主任朱开轩应马来西亚教育部的邀请访问马来西亚。这是中马建交以来中国教委主任首次正式访马。1997年6月，马来西亚教育部长纳吉访华，两国正式签署《马中教育备忘录》，为两国在教育领域的合作掀开了新的一页。1999年中马又相继签订《文化合作协定》。此后，马来西亚政府每年都安排大批学生到中国留学，到

2002年5月止，到中国留学的马来西亚学生已有600多名。

**军事**

20世纪90年代后，两国军队间的交流也日渐增多。1996年5月，中国人民解放军副总参谋长熊光楷中将应马来西亚国防部的邀请访问马来西亚。8月1日，中国驻马来西亚使馆武官处举行庆祝中国人民解放军建军69周年招待会。这是中马建交以来在马首次庆祝中国建军节活动。马来西亚海军司令南利中将、武装部队参谋长纳华威中将出席了招待会。9月，马来西亚武装部队司令伊斯迈尔上将应邀访华。这是马来西亚武装部队司令首次正式访华。1997年3月，中国海军舰艇编队首次对马进行友好访问，在中马军事交往史上写下了新篇章。

此外，两国在文化领域的交往也日趋活跃。文艺、出版等代表团先后多次互访。其他诸如工程、劳务、国防、科技、艺术、交通、金融、体育等方面的双边合作，以及各种形式的民间交流，都获得了不同程度的发展。1991年，中国在马来西亚设立新华社分社。1992、1993年马中友协和中马友协相继成立。厦门市与马来西亚槟城，江苏省和马六甲州分别建立了友城关系。1992年中马双方签署《科技合作协定》，成立科技联委会，迄今已举行3次会议。双方还签署了《广播电视节目合作和交流协定》（1992年）、《促进中马体育交流、提高体育水平的谅解备忘录》（1993年）。

1999年5月中马两国签署《中马两国政府关于未来双边合作框架的联合声明》，它为21世纪的中马关系确定了一个更明确、更富有前瞻性的定位和发展框架。首先，在政治立场上，明确声明中马双方将继续保持包括双方高层领导、政府官员的各个层次的经常性接触和互访，增进双方企业及民间的交流，以促进两国关系全面、持续地发展；加强两国外交部年度高官磋商机制，就共同关心的双边、地区和国际问题交换意见；双方将继续在东盟、东盟地区论坛、亚太经合组织、亚欧会议、世贸组织和联合国等多边场合就共同关心的地区和国际问题加强磋商与合作，促进地区及国际和平与发展；双方将致力于加强中国和东盟之间的友好关系。其次，确定了双方未来的合作发展方向，经贸合作仍是21世纪两国合作的重要领域，教育合作和科技合作也将进一步加强，两国计划未来开展协调与合作的新领域则有国防合作，以及司法协助、防止跨国犯罪、信息通讯、医学卫生、环保等各个领域。联合声明还对上述领域的合作做出了详细规划，为双方21世纪稳定、高层次的合作发展奠定了重要基础。此外，声明中还重申两国关系发展的原则，如“一个中国”、互不干涉内政、平等互利等，并强调采取全面、经常和制度化的接触和互访等措施来促进两国合作。

## 第二节　中马关系的现在

经过了1997年的亚洲金融危机，包括马来西亚在内的东盟国家更清楚地认识到了中国的重要性，同时中国也更加重视与东盟国家的合作。进入21世纪，中国和东盟国家的合作步伐加快。中国与东盟先后签署了《南海各方行为宣言》、《东南亚友好合作条约》、《面向和平与繁荣的战略伙伴关系联合宣言》等，中国与东盟的关系提升到新的高度，为中马双方更紧密的实质性互动铺平了道路。中马关系在政治、经济、文化、教育等方面都获得了前所未有的蓬勃发展。

## 一、21世纪以来中马政治关系

进入21世纪，中马两国在政治关系上日益升温，同为发展中国家的中马两国在很多国际性问题上都达成了共识。马方坚持“一个中国”政策，并坚持认为中国的发展有利于促进本地区的和平、稳定和繁荣。中马两国都奉行独立自主、中立、不结盟的和平外交政策。在多边领域，两国都积极参与各种联盟或论坛，致力于维护各种权益，尤其是发展中国家的权益。双方在中东问题、朝鲜半岛核问题、伊斯兰会议组织等问题上都形成一致意见。

近十年来，中马两国国家领导人频繁互访，积极推进两国合作。中马建交30多年来，中国先后有3位国家主席和4位总理访问了马来西亚，马来西亚有5位国家元首和4位首相访问了中国。以下是2000年以来，中马两国互访的重大事件。

2001年2月马来西亚首相马哈蒂尔第六次访华，4月第七次访华，为中马两国21世纪的友谊发展奠定了良好的基础。

2002年国家副主席胡锦涛访马，并在马来西亚亚洲战略与领导研究所举办的演讲会上发表了题为《共同谱写亚洲和平与发展的新篇章》的演讲，回答了当时为世界所关心的中国和亚洲的发展问题。演讲受到马各界的欢迎，进一步促进了两国的友谊。当年4月中国国际贸易促进委员会（CCPIT）与马来西亚亚洲战略与领导研究所（ASLI）联合签署协议，成立中马联合商业理事会。同年4月15日，全国人大常委会委员长李鹏会见了马来西亚国会下议院议长扎西尔。

2004年1月，全国人大常委会委员长吴邦国会见了来华出席亚太议会论坛年会的马下议院议长扎西尔。4月，马前总理马哈蒂尔访华并出席博鳌亚洲论坛年会。5月，巴达维总理正式访华并出席两国建交30周年暨“中马友好年”庆祝活动。双方发表《联合公报》，一致同意推进两国战略性合作。10月，唐家璇国务委员访马，分别会见了巴达维总理和纳吉布副总理。11月，温家宝总理在老挝出席中国与东盟领导人系列会议期间会见了巴达维总理。12月26日，印度洋发生强烈地震海啸灾难，马北部部分地区遭受较大损失。灾情发生后，胡锦涛主席和温家宝总理分别致电马最高元首西拉杰丁和总理巴达维表示慰问。中国政府和人民还向马提供了紧急救灾援助。

2005年3月，马最高元首西拉杰丁和副总理兼国防部长纳吉布先后访华，两国国防部签署了《中马防务合作谅解备忘录》；随后，中国全国人大常委会委员长吴邦国和国务院总理温家宝分别访马，中马两国发表了《联合公报》。4月，全国政协主席贾庆林在海南会见了来华出席博鳌亚洲论坛年会的马总理巴达维。

2006年3月，全国政协主席贾庆林访马。10月，马来西亚总理巴达维赴南宁出席纪念中国—东盟建立对话伙伴关系15周年峰会，温家宝总理会见。

2007年4月，马下议院议长拉姆利应吴邦国委员长邀请访华。

2008年4月，北京奥运火炬传递在吉隆坡成功举行。6月，马上议院议长阿卜杜尔·哈密德·帕万泰来华出席第五届亚欧议会伙伴会议，吴邦国委员长会见。8月，马最高元首端姑·米赞·扎伊纳尔·阿比丁出席北京奥运会开幕式并访问昆明、西安和上海等城市。9月，马总理夫人珍妮出席北京残奥会开幕式。10月，马总理巴达维来华出席第七届亚欧首脑会议。

2009年3月，全国人大常委会副委员长兼秘书长李建国访马。6月，应温家宝总理邀请，4月刚刚上任的马总理纳吉布正式访华。11月胡锦涛主席访马，中马友好合作进入了新的历史时期。双方签署中马《战略性合作共同行动计划》等合作文件，并举办一系列建交35周年庆祝活动。

2009年11月11日，国家主席胡锦涛在吉隆坡会见马来西亚总理纳吉布。在此次会面中，双方进一步强调了互相落实《战略性合作共同行动计划》，积极开拓新的合作领域，寻求新的合作方式，培育新的合作增长点，实现共同发展。

## 二、21世纪以来中马经贸关系

随着两国在政治上彼此信任、相互支持的不断深化，作为中马关系重要的组成部分的双边经贸往来也不断取得进展，并呈现如下特点：政府高度重视双边经贸合作，两国贸易持续稳步发展，相互投资规模逐步扩大，双方经济技术与承包劳务以及旅游合作进展较快。

在贸易方面，中马两国交往历史源远流长，地理位置邻近，经济结构均有各自的优势，产品和资源互补性强，是理想的贸易伙伴。自建交以来，中马双方已经形成了良好的优势互补的贸易关系。同时，官方已签署的一系列经贸合作协议为其提供了法律框架。尤其是2003年，中国加入WTO，加快开放国内市场，这为东盟各国的经济复苏提供了良好的契机。

2003年4月12日，马来西亚与中国签署有关中国加入世界贸易组织的双边协议。马来西亚厂商联合会（FMM）表示，中国加入世界贸易组织对马来西亚利多于弊，中国入世能进一步推动马来西亚的经济成长。中国加入世贸组织后，逐步降低关税，减少非关税限制，这将有力地促进马来西亚对华出口。例如，中国木材和造纸业的进口关税率从12%~25%降低至5%~7%，这将大大有利于马来西亚的木材和造纸企业拓展中国市场。此外，在农业、矿业、金融、科技、信息、旅游等领域的合作也将进一步发展。

根据中国海关总署统计，2003年，中国与马来西亚双边贸易额首次突破200亿美元，达201.3亿美元；2004年，双边贸易额达262.61亿美元，同比增长30.5%，中国对马来西亚的出口总值达到80.87亿美元，同比增长31.7%；2005年双边贸易额达到246亿美元；2007年，马在华投资4亿美元，中国企业在马投资457万美元；2008年中马贸易额534.69亿美元，同比增长15.2%，提前2年实现了两国领导人制定的500亿美元目标。

表6-2 2006年以来中国对马来西亚进出口商品总值表（单位：千美元）

| | 出口 | | 进口 | | 进出口 |
|---|---|---|---|---|---|
| 年份 | 出口值 | 累计同比（%） | 进口值 | 累计同比（%） | 累计同比（%） |
| 2006 | 17,112,287 | 27.6 | 13,537,349 | 17.3 | 20.9 |
| 2007 | 46,398,079 | 30.7 | 17,690,583 | 21.8 | 25 |
| 2008 | 53,469,079 | 20.8 | 21,690,583 | 11.8 | 15.2 |
| 2009 | 51,962,630 | –8.5 | 19,631,939 | –0.7 | –7.5 |
| 2010 | 67,084,356 | 25.8 | 21,632,405 | 60.7 | 47.5 |

数据来源：中国海关统计署。

2009年，中国成为马来西亚最大的贸易伙伴，但双方经贸关系发展仍有很大空间。2009年11月11日在胡锦涛主席和纳吉布总理的会谈中，马来西亚表示愿扩大同中方在经贸、金融、能源、农业、渔业、教育、科技、旅游、防务安全等领域的交流合作。双方在新的基础上探索新的合作领域，进一步深化和巩固两国战略性合作关系。

中国和东盟各国2008年1月签署了《服务贸易协议》，这是双边关系继《货物贸易协议》签署之后又一个里程碑式的重大进展，也朝着2010年建成中国—东盟自由贸易区的目标前进了一大步。协议的签署为双方企业的合作提供了很好的机遇和空间。

2010年1月1日中国—东盟自由贸易区建立，标志着中国和东盟之间的经济联系上升到了新的水平，也为中国和马来西亚的贸易发展和经济合作增添了新的动力。中国将以零关税出口中国的优势产品如轻纺、电子产品等到包括马来西亚在内的东盟各国，并享有东盟各国间优惠关税待遇。据马来西亚中国经济贸易总商会统计，中国—东盟自由贸易区建立以后，约有93%的货物入口是零关税。

## 三、中国在马投资

马来西亚是中国在东盟国家中最大的贸易伙伴，2009年，中国也首次跃升为马第一大贸易伙伴。双边关系的友好发展和双边经贸合作的逐步深化为中国企业对马“走出去”合作创造了良好的环境。近年来，随着我国政府加快实施“走出去”战略，越来越多的中国企业在马投资，在取得良好经济效益的同时，也为马经济社会发展做出了一定贡献。

截至目前，在马来西亚中资企业协会登记的中资公司有103家，涉及行业广泛，包括金融、航空、海运、钢铁、工程承包、IT研发及服务、加工以及餐饮业等。中国银行已在吉隆坡、麻坡（柔佛州）、槟城设立了分行，中国工商银行也于2010年4月正式在马开业，成为在马经营的第二家中国商业银行。中国国际航空公司、东方航空公司、南方航空公司、深圳航空公司、厦门航空公司等5家中国航空公司均在马经营有关航线业务。中国海运、中远等海运企业立足马来西亚巴生港的区域中转港地位，业务发展情况良好。济钢集团等钢铁企业也在与当地公司的合作中进入良性循环，逐步扭亏为盈。中国港湾、中国路桥、中水电、中水对外、中工国际、重庆国际、北京城建、北京建工等一批承包类企业均在马承建了大量基础设施和民生工程。华为、中兴等通讯设备和服务企业也在积极跟踪和开展马有关通讯基础设施建设项目。

2010年，为规避欧美等国对中国的贸易壁垒，中国企业在马投资出现了在马设厂、进而出口欧美的新特点。沈阳盛杰蜡业有限公司在马来西亚注册了盛杰蜡业（马）有限公司，注册资本500万林吉特，设备自国内进口，5月初开始生产，蜡烛产品全部销往美国。随着中国东盟自贸区全面建成，大部分商品降到零关税，中马双边贸易额不断增长，也有一定数量的国内企业前来咨询有关贸易和投资情况，在从事双边贸易、观察马来西亚市场的基础上为来马投资经营预做准备。

马来西亚在东南亚地区占据策略性中心位置，可作为国内企业开拓东盟市场良好的起步平台。据“中国企业‘走出去’发展项目推介会”组委会提供的信息，目前国内企业考虑在马来西亚前十个投资领域为：（1）电气与电子业；（2）以棕榈油为基础的工业；（3）木材工业；（4）橡胶工业；（5）农业与食品工业；（6）化学工业；（7）材料业；（8）交通工具业；（9）机械制造业；（10）纺织与成衣业。

## 四、马来西亚在华投资

马来西亚对华投资始于1984年，从地域看主要分布在广东、福建等沿海地区，最初投资的行业主要有橡胶、食品、化妆品、家具、饲料及机械制造等，项目规模较小且多为加工工业。自1992年以来，随着中国改革开放的扩大，马政府取消了对马华人访华的限制，鼓励商人到华投资，马商界尤其是马华人掀起对中国投资的热潮，投资额成倍增长，并在1996年达到历史最高水平，当年实际投入资金4.6亿美元。除较大型生产企业外，投资领域扩展至能源、交通、基础设施、供水、电站、金融保险、房地产、住宿餐饮、批发零售、文体娱乐、医药、IT以及有关服务行业等，投资地域也由沿海地区逐步扩展至内地。比较著名的项目有马来西亚金狮集团在中国投资开办的百盛百货商店；马来西亚郭氏兄弟集团在中国投资开办的香格里拉酒店等。21世纪以来，中国正不断调整吸引外资政策，扩大吸引外资的领域和地区，这也吸引更多的马来西亚工商企业来华投资。马来西亚的金狮集团 、郭氏兄弟集团、云顶集团、森那美集团 、UMW公司等知名企业在华均有投资。

表6-3　2003年以来马在华投资情况简表（单位：亿美元）

| 年 份 | 项目数 | 增 幅 | 实际金额 | 增 幅 |
| --- | --- | --- | --- | --- |
| 2003 | 350 | 9.72% | 2.51 | –31.76% |
| 2004 | 352 | 0.57% | 3.85 | 53.38% |
| 2005 | 371 | 5.40% | 3.61 | –6.14% |
| 2006 | 336 | –9.43% | 4.51 | 24.93% |
| 2007 | 285 | –15.18% | 3.97 | –11.96% |
| 累计 | 4,232 | — | 46.81 | — |

## 五、能源

越南、印度尼西亚和马来西亚是中国在东南亚的三大主要石油进口国。马来西亚所生产的石油和天然气，除了本国消费外，其余出口。随着国际油价的不断攀升，马来西亚石油天然气的出口额也持续增长，成为该国最大的出口商品之一。马来西亚对外贸易发展局的资料显示，2004年的石油和天然气出口同比分别增长43.2%和13.3%，2005年，中国从东盟国家进口了近1,000万吨的原油和600余万吨的成品油，占同期中国原油、成品油进口总量的7.5%。双方近年来在能源方面合作日益密切。同时，马来西亚国家石油公司以雄厚的资金实力和先进的技术，已在珠江三角洲液化天然气项目中段建设招标中中标。马来西亚国家石油公司也计划把它的首个液化天然气项目定址在中国上海。

## 六、教育文化体育

两国在教育、文化、体育等领域的交流与合作顺利发展。1997年后，中马两国政府正式签署教育合作备忘录，掀开了两国教育合作的序幕，马来西亚的教育逐渐被中国的教育机构认可。2003年9月中国教育部对马来西亚部分优秀的私立院校进行认证，2004年，中马又签订了《在外交和国际关系教育领域合作谅解备忘录》，这大大促进了中马留学交流。2009年7月，中马双方合作在吉隆坡建立马来西亚大学孔子汉语学院，成为在马来西亚建立的首家孔子学院，这不仅对马来西亚的汉语教学、中国文化传播产生了积极影响，还进一步促进了两国人民间的相互理解和友谊。2010年8月11日，中国高等教育展在马来西亚吉隆坡隆重开幕，作为一个窗口，让马来人民便利地了解了中国的教育和文化。

随着2007年马来西亚旅游年、马来西亚独立50周年、2008年北京奥运会和2010年上海世博会的举办，中马两国的各方面交流更加密切。在体育交流上，2010年8月12—14日，国家体育总局局长、中国奥委会主席刘鹏应马来西亚奥委会邀请，率代表团一行6人对马来西亚进行了正式访问。这是奥运会之后中国体育代表团第一次访马，为两国未来的体育合作开启了良好的前景。而在中马文化交流中起到更为关键作用的则是占马来人口23.2%（2010年数据）的马来西亚华侨，随着中马民间交流的递进，中华文化作为马来多元文化中的一部分，在马来西亚得到了很好的传承和发扬。

### 七、军事

2003年9月，中央军委委员、总参谋长梁光烈上将访马。2004年7月，中央军委副主席郭伯雄过境访问马来西亚，与马副总理纳吉布会晤。

### 八、旅游

两国旅游合作密切，双方互为重要旅游客源国。两国每年人员往来超过100万人次，每周往来航班近100架次。据2008年数据统计，2008年马来华游客104.05万人次，中国首站访马游客62.3万人次。马来西亚每年到中国的人数为91万人次。中国2009年有44万人次访问了马来西亚，2010年的增长速度也很快，有望达到60万甚至80万。人员的往来越多越好，可以增进人民之间的相互了解，也会带来各方面的机会。

## 第三节　中马关系的未来

中马建交以来，双方的政治互信程度不断加深，在贸易、投资、教育、文化、军事等各领域合作成果丰硕。双方在很多重大国际和地区问题上都达成了共识，成为互利合作的好邻居。对于中马关系的未来发展，2009年11月11日，国家主席胡锦涛在与马来西亚总理纳吉布在吉隆坡的会面上提出了中马关系发展的四点建议：一、深化经贸合作。二、深化教育、科技、文化、旅游等领域合作。三、加强防务安全合作，加强交流，增进互信，扩大合作。四、密切重视国际和地区事务合作。

## 一、深化经贸合作

2009年6月3日，两国签署《中马战略性合作共同行动计划》，为中马两国未来的发展提供了指导纲领。在经济合作上，中国倡导企业“走出去”战略，充分鼓励中国企业到马来西亚投资。同时，马来西亚目前致力于在2020年迈入发达国家的行列，正在积极改善投资环境，也不断推出新的举措，这给中国企业到马来西亚发展也提供了机会。中国企业到马来西亚发展的待遇优惠也越来越多，尤其与马来西亚资源能源相结合的领域及生物科技、IT、种植业、木材等相关产业，仍有很大的发展空间。2009年，马来西亚首相纳吉布访问中国，和中国签署了18项投资协约，其中一项投资是中马联合在沙捞越开发天然资源，其投资总额高达10亿林吉特。

随着中国—东盟自由贸易区的成立，中马两国的贸易障碍将逐渐消除，如解除了税务障碍，优化了报关程序，降低了贸易成本和商品价格等，两国将颁布更多互惠互利政策。同时，中国在研究发展（R&D）方面进步神速，高科技产品推陈出新，品质可与其他发达国家媲美。而马来西亚的电子电器产品、石油化学产品、棕榈油、橡胶及民生消费产品在中国拥有非常庞大的市场。特别值得指出的是，随着马来西亚的清真认证（Halal Certificate）在国际伊斯兰教市场上获得认可，中国对此也非常重视和感兴趣。具有1,400多年伊斯兰教历史以及庞大伊斯兰教徒消费群体的中国将成为马来西亚伊斯兰教产业未来发展的重要市场之一。在未来，中马两国可以利用彼此的互补优势，在更多领域达成合作，共同促进双方经济发展。

在金融领域，两国的合作不断加强，先后签署货币互换协议、银行监管合作备忘录和合格境内机构投资者协议等。2009年，中国工商银行在马来西亚建立分行，首笔人民币跨国交易的成功为中马金融领域的合作起到了很好的推动作用。同时，中马两国将共同推进东南亚地区的财经合作，共同维护地区和国际金融稳定。

## 二、深化教育、科技、文化、旅游等领域合作

在文化教育方面，目前中国在马来西亚的留学生有1.2万多人，马来西亚在中国的留学生也已达9,322人。中马两国政府应该积极通过各类教育交流活动鼓励更多学生赴马、华学习，培养更多有利于中国和马来西亚沟通合作的“友谊桥梁”。但遗憾的是，中马两国政府迄今尚不互相承认大学的学位，这已成为推动两国学术互相交流和学习的最大障碍。随着两国学生留学人数的日益增长，解决学位认可问题势在必行。根据中马两国签订的教育交流协议，两国现在每年各向对方提供10个全额奖学金名额，同时中国每年通过马教育机构组织数位汉语教师赴中国高校进行短期培训。孔子学院的建立也将为马来西亚人，尤其是非华裔族群学习汉语、了解中国提供良好的平台，中马高等教育领域的合作在未来将更加广泛和深入。

中马之间的旅游业也有着很大的发展潜能。目前游客购物收入仅占马旅游收入的28.3%，马来西亚旅游局预计到2020年这一比重将增加到35%。马来西亚2009年接待入境游客2,360万人，但游客购物收入占旅游收入比重低于新加坡（35%）和香港（57%）。马来西亚政府宣布从2011年1月1日起豁免300种进

口物品税收，包括化妆品、香水、纺织品、珠宝等，这项措施将使在马购物更有吸引力，刺激游客在马消费。

因此，马中友好协会和马中经济贸易总商会多次促请两国政府尽早落实豁免双方外交和公务签证政策，同时也一并豁免两国人民互相签证，以促进两国旅游业的发展。中国驻马大使馆于2010年11月22日表示，两国豁免双方外交和公务签证一事已达最后的文本阶段，于2011年落实，而人民签证则会在之后逐步实行。我们期待在中马互信的基础上，中马两国政府可以尽早实施开放政策，促进两国人民的自由往来，这能够进一步提升两国经贸、文化教育等方面的交流。

## 三、加强防务安全合作

随着国际和地区安全形势的发展变化，国家安全成为21世纪各国愈加重视的首要问题之一。中马两国需推进两国国防安全领域的磋商与合作，扩大两军交流。2005年9月两国举行了首次防务安全磋商，签署《防务合作谅解备忘录》，加强了两国在地区安全领域中的协调与配合。在未来，中马两国应该继续努力为构建安全稳定的周边环境共同发挥积极作用。如积极开展两国在打击跨国犯罪等非传统安全领域的信息交流与合作、进行情报信息的交换与分享、共同维护包括马来西亚在内的海洋主权和安全等。

## 四、重视国际和地区事务合作

由于经济全球化和当代国际关系的发展，一个超越东盟的、更大范围的区域合作成为不可逆转的趋势。所以中马两国在国际和地区事务上的合作，无论是在促进经济的发展，还是提升彼此的国际地位上，都将起到促进作用。

中国是东盟重要的合作伙伴，作为最大的发展中国家在国际政治、经济中扮演重要角色。而马来西亚在东盟、伊斯兰世界、发展中国家的地位对中国与东南亚穆斯林的交往，乃至中国与整个伊斯兰世界的交往，发挥着重要的沟通桥梁作用。中马两国在对待阿富汗、伊拉克战争、朝鲜核武器、气候变化、能源安全等全球性问题上，都有着相近的立场。

中马关系的发展已经成为中国发展与周边国家关系的一个范例。在中马两国的共同努力下，中马关系未来的发展将有利于促进亚洲乃至国际的和平与繁荣。

# 参考文献

[1] 张卫平．马来西亚、泰国、印尼三国民商法比较［J］．东南亚研究，1991（2）．

[2] 张榕，米良．中国合同法与马来西亚合同法之比较研究［J］．云南大学学报法学版，2008，21（3）．

[3] 向朝．新加坡与马来西亚版权法之比较［J］．法学论坛，1999（2）．

[4] 王以真．外国刑事诉讼法学［M］．北京大学出版社，2001.

[5] 祁希元．马来西亚经济贸易法律指南［M］．中国法制出版社，2006.

# 附录一　马来西亚基本信息

中文名称：马来西亚联邦

英文名称：Malaysia

简称：马来西亚

所属洲：亚洲

首都：吉隆坡

主要城市：马六甲

国庆日：1957年8月31日

国歌：《我的国家》

官方语言：马来语

通用语言：马来语、英语、华语

货币：林吉特（1美元≈3.8林吉特）

政治体制：君主立宪政体

人口数量：2,756万（2010年数据）

主要民族：马来族、华人、印度人

主要宗教：伊斯兰教、佛教、道教、印度教

国土面积：33万平方千米

GDP总计：6,744.34亿林吉特（2009年数据）

国际电话区号：+60

国际域名缩写：.MY

主要出口市场：东盟

# 附录二　官方服务机构

## 马来西亚国家银行（BNM）

地址：Bank Negara Malaysia

Jalan Dato' Onn, P.O. Box 10922

50480 Kuala Lumpur

Malaysia

电话：（603）2698 8044

传真：（603）2691 2990

网址：http://www.bnm.gov.my

邮箱：info@bnm.gov.my

## 马来西亚银行

地址：Malayan Banking Berhad

14th Floor, Menara Maybank

100, Jalan Tun Perak

50050 Kuala Lumpur

Malaysia

电话：（603）2070 8833

网址：http://www.maybank.com

邮箱：publicaffairs@maybank.com.my

## 马来西亚出入口银行（EXIM BANK）

地址：Export-Import Bank of Malaysia

Level 19, Bangunan Bank Industri

Bandar Wawasan

1016, Jalan Sultan Ismail

50250 Kuala Lumpur

Malaysia

电话：（603）2692 7077

传真：（603）2692 7078

网址：http://www.exim-bank.com

邮箱：exim@exim.com.my

## 马来西亚公司监管委员会

地址：Companies Commission of Malaysia

2nd, 10–18th Floor, Putra Place

100, Jalan Putra, 50622 Kuala Lumpur

Malaysia

电话：（603）4047 6000

传真：（603）4047 6317

网址：http://www.ssm.gov.my

## 马来西亚证券监督委员会

地址：Securities Commission Building

No.3 Persiaran Bukit Kiara

Bukit Kiara

50490 Kuala Lumpur

Malaysia

电话：（603）6204 8000

传真：（603）6201 1818

网址：http://www.sc.com.my

邮箱：cau@seccom.com.my

## 马来西亚纳闽境外金融服务局（LOFSA）

地址：Labuan Offshore Financial Services Authority

Level 17, Main Office Tower

Financial Park Complex, Jalan Merdeka

87000 Federal Territory Labuan

Malaysia

电话：（603）591 200/300

传真：（603）413 328

网址：http://www.lofsa.gov.my

邮箱：communication@lofsa.gov.my

## 马来西亚兴业金融公司（MIDF）

地址：Malaysian Industrial Development Finance Bhd

195A Jalan Tun Razak

50400 Kuala Lumpur

Malaysia

电话：（603）2161 1166/2161 0066

传真：（603）2161 5973

网址：http://www.midf.com.my

邮箱：enquiry@midf.com.my

## 马来西亚移民局

地址：Immigration Department

Level 1 C 7, Block I（Utara）

Damansara Town Centre

50550 Kuala Lumpur

Malaysia

电话：（603）2093 9181/2094 5096

传真：（603）2096 2340

网址：http://www.imi.gov.my

邮箱：pro@imi.gov.my

## 马来西亚教育局

地址：Department of Education

Blok E8, Kompleks E,

Pusat Pentadbiran Kerajaan Persekutuan,

62604, Putrajaya

Malaysia

电话：（603）8884 6000 / 7723 7070

传真：（603）8888 8431

网址：http://www.moe.gov.my

邮箱：kpkpm@moe.gov.my

## 马来西亚知识产权局

地址：MyIPO Headquarters

Unit 1–7, Ground Floor, Menara UOA Bangsar,

No. 5 Jalan Bangsar Utama 1,

59000 Kuala Lumpur

Malaysia

电话：（603）2299 8400

传真：（603）2299 8400

网址：http://www.myipo.gov.my

## 马来西亚统计局

地址：Department of Statistics Malaysia
Block C6, Complex C,
Federal Government Administrative Centre,
62514 Putrajaya
Malaysia
电话：（603）8885 7000
传真：（603）8888 9248
网址：http://www.statistics.gov.my
邮箱：jpbkkp@stats.gov.my

## 马来西亚劳资关系局

地址：Department of Industrial Relations
Level 4, Block D3, Parcel D
Federal Government Administrative Centre
62502 Putrajaya
Malaysia
电话：（603）8886 5000
传真：（603）8889 2355
网址：http://www.jppm.gov.my/jppm
邮箱：jppm@po.jaring.my

## 马来西亚职业安全及卫生局

地址：Department of Occupational Safety and Health
Level 2, 3 and 4, Blok D3, Parcel D

Federal Government Administrative Centre

62502 Putrajaya

Malaysia

电话：（603）8886 5000

传真：（603）8889 2351

网址：http://www.dosh.gov.my

邮箱：jkkp@dosh.gov.my

## 马来西亚高科技官民组合

地址：Malaysian Industry–Government Group for High Technology

Level 2, Block A3

Federal Government Administrative Centre

62502 Putrajaya

Malaysia

电话：（603）8888 1888

传真：（603）8888 3822/1889

网址：http://www.might.org.my

邮箱：webmaster@might.org.my

## 马来西亚巴生港务局

地址：Port Klang Authority

Mail Bag Service 202，Jalan Pelabuhan

42005 Port Klang, Selangor

Malaysia

电话：（603）3168 8211

传真：（603）3167 0211/3168 9117

网址：http://www.pka.gov.my

邮箱：kamal@pka.gov.my

## 马来西亚社会保险机构

地址：Social Security Organisation（SOCSO）

Menara Perkeso, 281 Jalan Ampang

50538 Kuala Lumpur

Malaysia

电话：（603）4253 5320

传真：（603）4256 7713

网址：http://www.perkeso.gov.my

邮箱：perkeso@perkeso.gov.my

## 马来西亚国家能源公司

地址：Tenaga Nasional Berhad

129, Jalan Bangsar, P.O. Box 11003

50732 Kuala Lumpur

Malaysia

电话：（603）2282 5566

传真：（603）2282 6754

网址：http://www.tnb.com.my

邮箱：webadmin@tnb.com.my

## 马来西亚多媒体发展公司

地址：Multimedia Development Corporation SDN BHD MSC Headquarters

2360 Persiaran APEC

63000 Cyberjaya

Selangor Darul Ehsan

Malaysia

电话：（603）8318 8477

传真：（603）8318 8508

网址：http://www.mdc.com.my

邮箱：info@mdc.com.my

## 马来亚大学（UM马大）

地址：University of Malaysia

Admission & Records Section

Examination Building

University of Malaya

50603 Kuala Lumpur

Malaysia

电话：（603）7967 7022/3273

传真：（603）7956 0027

网址：http://www.um.edu.my

邮箱：skir@um.edu.my

## 中国驻马来西亚大使馆

馆址：马来西亚吉隆坡安邦路229号（229，Jalan Ampang, 50450 Kuala Lumpur，Malaysia）

办公室电话：（603）2141 1729 / 2144 7652

领事部电话：（603）2163 6815，传真：（603）2163 6809

商务处电话：（603）4251 3229，传真：（603）4251 3233

邮箱：cn@tm.net.my

## 马来西亚驻华大使馆

馆址：北京市朝阳区亮马桥北街2号

电话：（010）6532 2531，传真：（010）6532 5032

商务处电话：（010）8451 5109，传真：（010）8451 5110

签证处电话：（010）6532 6544，传真：（010）6532 6544

邮箱：mwbjing@95777.com

# 附录三 马来西亚省市一览表

| 马来文城市名称 | 中文城市名称 | 城市区号 |
|---|---|---|
| Alor Setar | 亚罗士打 | 4 |
| Beranang | —[①] | 3 |
| Bintulu | 民都鲁 | 8 |
| Broga | — | 3 |
| Cheras | — | 3 |
| Dengkil | — | 3 |
| Ipoh | 怡保 | 5 |
| Johor Bahru | 柔佛巴鲁（新山） | 7 |
| Johore | 柔佛 | 7 |
| Kajang | 加影 | 3 |
| Kedah | 吉打 | 4 |
| Kelantan | 吉兰丹 | 9 |
| Kepala Batas | — | 4 |
| Kota Bharu | 哥打巴鲁 | 9 |
| Kota Kinabalu | 哥打基纳巴卢 | 8 |
| Kuala Lumpur | 吉隆坡 | 3 |
| Kuala Terengganu | 瓜拉丁加奴 | 9 |
| Kuantan | 关丹 | 9 |
| Kuching | 古晋 | 8 |
| Labuan | 纳闽 | 8 |

① “—”表示暂无中文称呼。

续表

| 马来文城市名称 | 中文城市名称 | 城市区号 |
|---|---|---|
| Machang | 马樟 | 9 |
| Maran | 马兰 | 9 |
| Melaka | 马六甲 | 6 |
| Miri | 米里 | 8 |
| Muar | 麻坡 | 6 |
| Negeri Sembilan | 森美兰 | 6 |
| Pahang | 彭亨 | 9 |
| Penang | 槟榔屿 | 4 |
| Perak | 霹雳 | 4 |
| Perlis | 玻璃市 | 4 |
| Port Dickson | 波德申 | 6 |
| Sandakan | 山打根 | 8 |
| Sarawak | 沙捞越 | 8 |
| Selangor | 雪兰莪 | 3 |
| Sabah | 沙巴 | 8 |
| Semenyih | — | 3 |
| Seremban | 芙蓉 | 6 |
| Sibu | 锡布 | 8 |
| Sintok | — | 4 |
| Sri Aman | 斯里阿曼 | 8 |
| Sungei Besi | 双溪伯西 | 3 |
| Sungei Renggam | 双溪邦令金 | 3 |
| Terengganu | 丁加奴 | 9 |